シリーズ 北九大の挑戦 4

野研！
大学が野に出た
フィールドワーク教育と大學堂

北九州市立大学 ［監修］
竹川大介 ［著］

九州大学出版会

はしがき

　原稿が手元に来るのをこれほど待ちわびた巻はなかった。第4巻「野研！　大学が野に出た——フィールドワーク教育と大學堂」，著者は文学部竹川大介教授。この「シリーズ 北九大の挑戦」は，当初全5巻まで出版する予定を立てた。本学70周年記念の学長提案による出版事業であった。この第4巻を除いて他の巻はすべて70周年の年度内に出版された。最後になったのがこの第4巻である。待ちわびたのは締切日を大幅に超えていたことだけではなく，その内容も興味津々の「北九大の挑戦」であるが所以である。

　JR小倉駅のモノレールに乗ると2分で，2つ目の駅「旦過」につく。旦過市場の最寄の駅である。本書はここ旦過市場にある「大學堂」を舞台にした取組みである。

　大学教育の場でフィールドワークを突き詰めて考えていくと，おのずとどうしても既存の大学の範疇では対応が難しい，既存の枠を超えた挑戦が必要になる。この枠を超える新天地を求めている教育研究が本書のテーマである。いわば，大学から出た大學堂なのである。

　原稿が遅れた理由はすぐに納得がいく。多種多様な活動があり，興味の尽きない人々が参加し，時間の中で並行した取組みが，毛細血管のように網目をめぐらす。そのすべてに先頭に立って関わりたいとする著者の宿命だろう。原稿を書くという，座してひとりフィールドと集団から隔離された活動には人生の時間があまりにも足りないのであろう。文字にしたとたんにすでに活動は一歩先に進む。それを追いかけてまた書き加えるとそれもまた過去の通りすがりなのである。しかし，その中での悪戦苦闘の末原稿はできた。

　高等教育において文部科学省を中心に国策では，「予測不可能な現代社会を生き抜く力を身につける教育」を声高に模索している。大學堂のテーマは，「地球を生き抜く力を身につける学び」といえるのかもしれない。人の形成する社会に限定されることなく，また予測不可能は当たり前の生（なま）の地球に根ざす，生きるための，わくわくすることをエネルギーとした活動である。この活動の成功・失敗の2分化は意味がない。まさにこの取組みもまた，「北九大の挑戦」なのである。

　ローカル人間を育む信念を持つ彼の言葉を借りると，竹川大介氏自身，まさしく「グローバル人材でも，ローカル人間でもなく」，〈型にはまらないという意味で〉グローバル人類（地球人類）？なのかもしれない。

　私の机の上に小さなガラス瓶がある。琥珀色の液体が，それよりも白い固形物が底にたまる層の上を満たしている。「放課後みつばち倶楽部」の商品である。疲れるとひとくち口にする。こころと身体に精気が宿るそんな気がする。

　平成29（2017）年3月

北九州市立大学 学長

近 藤 倫 明

目　次

はしがき ……………………………………………………… 近藤倫明　　i

序　章 ………………………………………………………………… 001

第 1 章　フィールド研究から教育実践へ ……………………… 003

　1　私的な原点から語る　003

　2　野に出る　山と海と里　005

　3　自己を表現する　メディアを手に入れる　005

　4　学びが生まれる　自主ゼミ　008

　5　批判を楽しむ　ゼミから人生を学ぶ　008

　6　他者に出会う　進取性に富んだ海人　009

　7　常識を疑う　フィールドから人生を学ぶ　010

第 2 章　九州フィールドワーク研究会（野研） ……………… 013

　1　あるいて，みて，きいて，それをつたえる　013

　2　野研の日常　015

　3　最小の投資で最大の効果を　018

　　3.1　宮古島の調査 1996-1998

　　3.2　市場都市北九州の発見 2000-2006

　　3.3　スター☆ドーム「きみだけのそら」2004-

　　3.4　水族館劇場北九州公演制作団 2004-2009

　　3.5　石西礁湖サンゴ礁自然再生事業調査 2005-2010

　　3.6　JICA 草の根技術協力事業ブトンギプロジェクト 2007-2010

　　3.7　海洋文化館リニューアル事業 2009-2013

　　3.8　放課後みつばち倶楽部 2012-

　　3.9　奥能登・上黒丸アートプロジェクト 2013-

　　3.10　単発のプロジェクト

4 人生の達人たちとの交流 042

    4.1 ドキュメンタリー映画の上映

    4.2 研究大会やシンポジウムの主催

    4.3 野研を訪れるさまざまな「いい大人」たち

5 野研の活動からそれぞれの研究へ 053

    5.1 学生たちの研究成果

    5.2 研究の副産物としての社会活動

第 3 章　フィールドワーク教育の技法 ·········· 059

1 研究の料理のメタファー 060

2 正統的周辺参加とはなにか 063

3 シナリオとアドリブ 064

4 まわりを巻き込み，ひとりでも踊れ 066

5 対等性とネットワーク型組織 067

6 場をつくる 070

7 外発的動機づけと内発的動機づけ 072

8 フリーライダー問題 074

9 お世話係プロデューサーとしての教員 076

第 4 章　大學堂・町中の市場に住む ·········· 077

1 なぜ旦過市場なのか 077

    1.1 公開講座 2005-2006

    1.2 食市食座の 1 日「大學堂」2006

    1.3 大北九州 市場学会 2006

    1.4 大北九州イチバ劇場 2006

    1.5 昭和の仮装コンテスト 2007

2 大學堂の誕生 2008 084

    2.1 大學堂の改装

    2.2 旦過市場こそが資源である

    2.3 学問と実践の融合

    2.4 答えのない問い「大學堂ってなに？」

3 市場でくらす 092

iii

3.1　野人のトラップ
　　　3.2　白飯のカンバスに欲望を盛る大學丼
　　　3.3　社会起業のインキュベーション
　　　3.4　空間の力
　4　大學堂が小倉の街を創っていく　　105
　　　4.1　投げ銭ライブ
　　　4.2　屋根裏博物館
　　　4.3　人と人をつなぐ媒体
　5　旦過市場とのさらに深いかかわり　　120

第5章　フィールドワークによる学びが持つ力　　125
　1　目的をさだめない相互交渉　　125
　2　状況論的な臨機応変　　126
　3　常識を脱構築する　　128
　4　柔軟性のある周辺からの戦略　　130
　5　スキルからアートへ　　133

　参考資料　　136

市場の真ん中に「大學堂」がある

iv

序 章

　九州は福岡県の北九州市，大陸を望む日本海と瀬戸内海をつなぐ海の城下町小倉の台所，日本で唯一の水上マーケット旦過市場，モノレールの旦過駅からエレベータを降り，トタン塀が続く路地に迷い込むと市場の本通りにぶつかる，そのT字路の角に「大學堂」がある。

　2008年7月7日にオープンして以来，大學堂はさまざまな事業を通じて「街の縁台」の役割を果たしてきた。今では市場の店主やお客さんが立ちよる場所として地域に根付き，九州旅行のガイドブックで紹介される小倉の観光スポットとなり，インターネットによる情報拡散によって海外からの客が急増している。

　ちかごろ全国各地の大学で，街中に拠点をつくり，地域の活性化や社会貢献を目的に学生たちが活動するという試みが増えているようだ。わたしたちの大學堂もおよそ，そうした文脈で語られることが多い。しかし実際はまったく違う。むしろ正反対なのである。そもそも大學堂は手段であり目的ではなかった。おいおい述べていきたいが，街のホットスポットである市場は，中世の昔から活性化しており，その力によって活性化されたのはむしろ学生たちの方だった。

　この本では，フィールドワークという言葉をキーワードに教育と研究の両方を視座に入れながら，ローカルとグローバルの間を自由に行き来する大學堂というユニークな社会現象を，時間の流れにそって読み解いていきたいと思う。この不思議な場がどのようにして誕生したのか，ここを拠点にして学生たちはなにを実践しようとしているのか，そうした秘密をこれから語っていきたい。

　この本は一冊のマニュアル本のような様式を装っているが，実のところ，当初に期待されるような，ノウハウは書かれていないかもしれない。むしろこれを読み進めるなかで，近代教育によって培われてきた強固なマニュアル依存，すなわち「学校の呪い」が，少しずつ解かれていくことを意図している。

　どこかのページであなたが「これは，おもしろい！」と感じたその瞬間に，おぼろげなひとつの思考のモデルが姿をあらわすだろう。それこそがフィールドワークによる学びのエッセンスなのである。そこにはだれでも体得できる一貫したデザインがある。よくデザインされたしくみさえあれば　人はそのしくみにアフォードされ，自然に動き出し，次々とおもしろいものを創っていく。カリスマ・プロデューサーなどいらない。参加するメンバー全員に共有されているセンスさえあればよい。

　第1章では，ひとりの学生が登場する。その学生は，ゼミやサークルなどフィールドワークによる学びや研究の機会を通して，さまざまな人に出会い，なにかを体得していく。その経験

のそれぞれは，アンテナさえ張っていれば，だれでも学生時代に出会うことができるもので，彼もたまたまそのいくつかを選んできたにすぎない。

しかし結果から振り返るとそうした経験は，のちにつながるひとつの意味を持っていた。いや，より正確にいえばさまざまな経験を，あとになってひとつの文脈に意味づけてきたのかもしれない。

この章では，ぜひともフィールドワークを通して五里霧中で社会と関わろうとする学生側の視点にたち，彼と同様，こうした経験がこの先いったいなににつながるのかわからないまま読み進めてほしい。

もしフィールドワーク教育そのものにより関心があるのなら，第1章をとばし，まずは第2章から読み始め，気になるところだけ確認するとよいかもしれない。

第2章には，やがてその学生が大学の教員となり，自分が受けた教育をどのように次の世代に伝えていくかを模索し，試行をくりかえしながら新しいしくみをつくりあげていくプロセスを具体例とともに書いた。

自分が受けた教育環境を目の前にいる学生たちと共有したい。わずか数年間の学生生活で，その間に可能なことのできるだけ多くを経験してほしい。そうした思いが九州フィールドワーク研究会（野研）の誕生につながった。この章では，この野研という輪郭なきあつまりが挑戦してきた，多数の事業をとりあげる。そして章の最後に，そうして育っていった学生たちの姿を少しだけ紹介する。

第3章では，フィールドワークによる教育や学びについて分析する。もしフィールドワーク教育のデザインやシステムそのものに興味があるのなら，事例より先にこの章を読んでおくと

よいかもしれない。フィールドワーク教育には，どのような特徴があり，どこに力点がおかれているのか。第2章であげた事例を整理し，フィールドワークという技法を手に入れた学生たちの相互作用によって生まれる学びのエッセンスを，あぶり出したいと思っている。

第4章で，いよいよ大學堂の事例を紹介する。ここまで読んできた人であれば，ここにどんなに突飛な出来事が並んでいても，ひとつの通底したデザインを感じてもらえるだろう。この章を読むことで，フィールドワーク教育が実現する予想がつかない状況の創発と，その生産性の高さに驚きながらも，大學堂というひとつのムーブメントについて，ある程度俯瞰的な視座から楽しむことができるのではないかと思う。大學堂は，それ自体がいわば，たまたまそこに立ち会った多数の個人の相互行為の中からつくりあげられた，芸術作品のようなものなのである。

第5章では，第4章の大學堂の事例を踏まえたうえで，フィールドワークによる学びが持つ力について，もう一度まとめておく。創造性，柔軟性，周辺性という言葉に注目し，ほかの方法では会得できないこの深い学びの構造を分析し，考察につなげたい。

うまくデザインされたフィールドワークの技法が，創造を生み出す場をあたえられたとき，ひとつの表現へと駆け上がっていく。これがこの本の主題であるスキルからアートへの創発の道筋である。

この本では匿名の記述で一般化するのではなく，むしろ積極的に具体的な名を持つ人々を登場させることにした。そしてすべての人々に，最大限の感謝をするとともに，等しく敬意をはらいたいという気持ちから，文中の敬称は省略した。ご了解いただければと思う。

第**1**章

フィールド研究から教育実践へ

1 私的な原点から語る

　この手の本では，かなりイレギュラーな流れではあるが，フィールドワークによる教育を受けたひとりの学生の話からはじめることを許してほしい。この本の著者である竹川大介の大学時代の話である。

　誤解のないよう最初に念を押しておくが，ここでわたしが特別だったと主張するつもりはない。わたしは決してひとりで学んでいたわけではないし，周辺には同じ環境で学ぶ友人が数多くいた。この章で述べることは，よくデザインされた環境さえあれば，学生生活のうちにだれでも経験できることばかりだと思っている。

　九州フィールドワーク研究会（野研）での教育実践や大學堂のとりくみを語るまえに，まずは教育者ではなく学生の立場から，そうしたデザインにはじめてふれたときの，驚きと，喜びと，その厳しさについて書いておきたい。

　漠然としたフロンティアへのあこがれと，やむにやまれぬ自己表現への欲求，フィールドで思い知らされた自分のちっぽけな常識。それが京都で暮らした20代のわたしが向き合っていた世界だった。このごろは探検大学を自称し，日本のフィールド研究のパイオニアを輩出してきた京都大学で，わたしは学部と大学院時代の

9年間を過ごした。

　北九州市立大学の1年生むけの講義で，最初の時間にふれるのは，そんな学生時代の話である。『人生に必要な知恵はすべて幼稚園の砂場で学んだ』という本が一時期話題になったが，わたしは講義で「人生に必要な無駄はすべて大学のゼミとフィールドで学んだ」と語る。そんないいかげんな言葉に「あ，なんかおもしろそうだな，自分も参加してみたい」と心動かされた学生たちが，野研にあつまってくる。そしてこのとき，ひとつの学びは，世代をこえて継承される。

　むろん参加は義務ではないし，押しつけるものでもない。とはいえ，お願いする気もさらさらない。なのでチャンスは非常に限られている。直感的にそれに気づけるかどうか，学ぶ側の嗅覚が問われる瞬間でもある。気づく者もいれば気づかない者もいる。運命にも似た偶然と，自分の好奇心を信じて行動できるかどうかがすべてだ。

　来るものこばまず，去るもの追わず。ことさらつきはなしたり，もったいぶるつもりはないが，まあ新しい世界のスタートというのは，だいたいそんなものなのだ。そう思っておいた方がいい。わたしもずっとそうだった。

2 野に出る　山と海と里

　大学に入学すると同時に探検部に入った。入学式にも出ずにソフトクリームをなめながら歩いていると，忌野清志郎のようなボサボサの髪で，勧誘する気もなさそうに変なチラシを配っていた人がいたので，こちらからつかまった。

　探検部は山岳部から分かれた文化サークルで，登山や潜水などの野外技術をひととおり身につけ活動する，人間や社会に関心を持つ人たちのあつまりだった。それぞれの興味にそって山派と海派と里派という活動ジャンルに分かれてはいたが，原則として部員はすべての活動に参加することができた。

　探検部では木曜日の夜にルームとよばれる部会があり，そこでは毎週いくつかのプランが検討された。プランとは山行や調査などの計画のことで，あらかじめ参加メンバーが募られ，メンバーの中でプランを練り，それをルームにかけるのだ。ルームではその内容が精査され，メンバーの経験とプランの妥当性，ノートや食糧計画について検討された。プランはルームで承認されると実行にうつされるが，修正を加えられたり，時には却下されることもあった。

　ところで探検部では，ルーム名というニックネームで互いをよびあい，上下関係は希薄だった。それは対等なメンバーシップで運営するという民主的なポリシーをつねに意識するためであると同時に，上下関係によって生じるかもしれない緊急時の判断の誤りを避けるという実践

的な理由もあった。プランは部員の中の有志があつまって起案するというのが原則で，探検部のメンバーであることよりも，探検部での活動実績のほうが重要であると考えられていた。

　さらに探検部では，山岳部の伝統を引き継ぐかたちで留守本部制度という安全対策のプロトコルがつくられ，部室のノートによって一元化された情報を共有していた。あとで述べるように，こうした探検部のシステムは，かたちを変えて野研やゼミに踏襲されている。

　ここまではもっぱら探検部のしくみについて紹介したが，本当に語るべきはむろんその活動の中身である。探検部の友人たちとともに毎週のように山や海に通った日々は，まちがいなくのちのわたしのフィールド研究につながっている。探検部では登攀や潜水など野外活動の最新の技術を身につけ，野に出ることのおもしろさを知り，異文化に対する興味が広がった。

　ここでは詳細にふれる余裕はないが，知床，屋久島，西表などの森に入り日本の豊かな自然に圧倒され，開放政策をとったばかりの中国雲南省の山奥の村や，インドネシアに点在する小さな島々を訪ね歩いたことが，わたしの探検部時代の活動だった。ひとりでは決してなし得なかった，さまざまな経験をあたえてくれたのが，この探検部という場であり，そこに集う友人たちからの刺激であった。

3 自己を表現する　メディアを手に入れる

　自己表現あるいは創作活動に対する興味は幼いころからあった。小学校の高学年には，星新

一に影響をうけた短編小説をノートに書きクラス中にまわしていた。中学2年にはミキシング

ができるラジカセを手に入れ，友人8名とラジオドラマ劇団「すずめのす」を結成した。自分たちで脚本から音響や声優まですべてをこなしながら，卒業までに33本の作品をつくり国語の授業などで上演させてもらっていた。

こうした創作は，新しいメディアに対する興味と直結していた。

高校生のころには，売り出されたばかりのマイクロコンピュータTK80を使い，友人とともに単純なゲームをつくっていた。パソコンの急速な進歩の最初の洗礼をうけた世代にとって，自分でプログラムを書くことはいわば前提だった。大学時代には仕事としてデータベース管理のプログラミングを請けおい，インターネットもまだない黎明期のパソコン通信の世界で，作家として自作ゲームを公開していた。

大学に入学した年に，浪人時代から書きためていた4コマ漫画を自費出版した。「わかんない」というタイトルのこの本を印刷してくれた軽オフ印刷店の店主と仲良くなり，印刷の手伝いをするようになった。1日の仕事がおわると，残ったインクと紙で好きなものを印刷させてもらった。自分の新聞「狂人新聞」を発行し，クラスの友人と文芸誌「あやし」を創刊し，あやしいビラを大量につくっては学内で配った。

コピーの料金が1枚10円になり簡単なワープロが売られはじめた80年代の前半，カウンターカルチャーの隆盛とともに全国的なミニコミブームがおきていた。学内で月刊「電柱ファン」というミニコミをみつけ編集に参加した。するとその第2号が関西ミニコミ大賞で次席をとり，それを目にしたJR西日本からのオファーをうけ，とんとん拍子でフリーペーパー編集の受託につながった。

1987年，JR京都駅の中に編集部を構え「電車でGOGO」という名の季刊誌を創刊した。

国鉄から民営化したばかりのJRは，今までとは異なる新しいイメージをもとめていた。それが大学生のわたしたちがつくる雑誌の雰囲気とあっていたのだろう。以後1993年の12号まで「電車でGOGO」は続くことになる。小さな編集部なので取材からレイアウトまで全員がまわりもちでおこなっていた。

印刷の発注と会計業務のためにJRとわたしたちの間には広告代理店が入っていたが，決して学生の下請け仕事ではなく，自由に企画を組み誌面をつくることができた。編集部のメンバーは常時10人ほどで，新人は最初の号の編集に参加したあと，次の号でいきなり編集長になるというシステムを採用していた。モチベーションが高いうちに新人に責任のある仕事をさせることで，常に斬新な誌面をつくっていくことは，鮮度が命である雑誌にとって有効であった。ベテランのメンバーがサポートできる環境があれば，トップはむしろ新人のほうがいい。

JRからは大きな予算があたえられ，出版社やデザイン事務所などの一般の企業をパートナーに事業を進め，とりあげた記事をもとにテレビ局と組み，番組コーナーを持ち関連イベントをたちあげた。いつのまにか「電車でGOGO」は京都の新しいムーブメントの発信源となっていた。

プロの仕事を目の当たりにしながら，自分たちのメディアを運営するこうした経験を通して，デザイン＝設計の重要性を知った。運営のシステムにせよ紙面にせよ，よく練られたデザインは，自然に人々に受け入れられ，創造の源泉となる。その感覚は，のちに野研や大學堂を設計するときに非常に役に立った。

わたしは大學堂をひとつのメディアであると考えている。メディアとは媒体である。たくみにメディアを利用し，創作を展開していく，その最初のモデルがこの編集の経験にあった。

4 学びが生まれる　自主ゼミ

さて，大学の話もしよう。そんな京都という街の自由で創造的な風土を反映して，京都大学には多くの自主ゼミがあった。自主ゼミとは，カリキュラムと関係なく，学生たちが教員と一緒になって特定のテーマの研究をおこなうあつまりである。学生がよびかけることもあれば，教員から持ちかけられることもある。多くの自主ゼミは入学したての1年生から参加することができた。

自主ゼミには学部生，院生，教員の区別なく，興味を持つ人たちがあつまる。およそ週に1度から月に1度くらいの頻度で，どこかの教室にあつまり，研究発表や調査の打ち合わせをおこなった。講義に関連して単年度でひらかれることもあれば，年次をこえて継続しているいわば老舗の自主ゼミもあった。

学びたい人が学びたい人とつどい，ともに学ぶ。出入の自由度もゼミによってまちまちだった。好きな時間にあつまって活動をするおおかたの自主ゼミは，こと学部生にとってはカリキュラム上の講義よりも，実践的な研究の現場に近い雰囲気を持っていた。複数の自主ゼミを掛け持ちしながら，当時のわたしがうけた刺激は多かった。野研のモデルとなったのは，制度から独立したこうした自主ゼミのスタイルである。

現在の京都大学では自主ゼミの一部がポケットゼミという名でカリキュラム化されているときく。制度外であるというところに，むしろ自主ゼミの魅力を感じていた人間にとっては，やや複雑な気持ちもあるが，今でも多くの自主ゼミは制度と関係なく活動しているはずだ。

5 批判を楽しむ　ゼミから人生を学ぶ

理学部に所属していたわたしは，大学院に進学し生物学を研究したいと考えていたが，ぎりぎりまで具体的な研究テーマを決めていなかった。人間に興味がありながらも，研究としてはできるだけ人間と離れたところからアプローチしたほうがよいのではと考え，粘菌の研究室に顔を出したり，大脳生理学や神経科学の研究室を訪ね歩いたりしていた。

しかし，もし人を研究の対象にしたいのであれば，正面からとりくんだほうがいいとアドバイスされた。新しい発見が相次ぎ，最先端の研究分野でもあった大脳生理学にはすこし未練があったが，研究からはなれたときに自分の人生にとってどちらがより豊かな実りをもたらすか

と考え，フィールド研究を選ぶことにした。

こうして1989年に生態人類学者があつまる理学研究科の人類進化論講座に進学した。この当時，理学研究科にあった自然人類学と人類進化論と生態人類学の三つの姉妹講座は，しばしば合同でゼミを開講し，そこには多くのフィールドワーカーたちがあつまっていた。

人類進化論講座は，今西錦司を教授に1962年に創設された自然人類学講座を母体として，1981年に併設された比較的新しい講座だった。初代教授の伊谷純一郎は，その後トーマス・ハックスリー賞を受賞し，アフリカ地域研究センターの所長となる。人類進化論講座には，わたしが進学した前年に霊長類研究者の西田利貞

が教授として赴任し，伊谷純一郎はブッシュマン研究者の田中二郎とともに，アフリカ地域研究センターに新しく生態人類学講座を開設していた。

人類研と総称されたこの三つの姉妹講座ではだれもがあたりまえのようにフィールドに出かけ，自分で手に入れた一次データをもとに，それぞれの研究をおこなっていた。そんな勢いのある雰囲気の中で5年半，ときに厳しすぎるくらいに徹底的に研究の進め方を鍛えられた。

ゼミではオリジナリティが重要視され，自分のアイデアを出すこと，批判を恐れないこと，なによりも「おもろい」ことが評価された。そして毎週ゼミのあとは，みなで飲みに出かけ，朝まで議論をするというのがおきまりの流れだった。

ゼミでの議論を通して，ひとつの論文が多くの批判にさらされて完成に近づいていくことや，独りよがりでは決して視野の広い研究はできないことを学んだ。新しい発見は，おおむね教員やほかの院生からうける真剣なダメ出しの中からみつかった。

のちにオックスフォード大学に客員教授として2年間滞在したときにも，おなじゼミの雰囲気を感じ驚いたことがある。ここでもゼミの後にはワインが用意され，自由な議論のスタイルが踏襲

されていた。むろんこのスタイルは，世界最古の大学である先方がオリジナルのはずである。

制度やシステムによってなにからなにまで用意されている教育ではなく，教員と学生の全人格的な交わりの才から相互自発的に学びが進む。職人の徒弟制度にも似たこのしくみが，中世から現代にいたるまで，大学教育や学問の中心にあったのでにないかとわたしは考える。つまり大学とは，本によって知識としてのエピステーメーを学ぶだけではなく，身体を通して技としてのテクネーを身につける場でもあるのだ。

人類学とは人間社会の多様性から普遍性を明らかにしようとする学問である。人類がどのようにこの複雑な自然環境に適応しながら地球上に広がったのか。単にそれぞれの生活環境に固有な自然観や資源利用のありかたを明らかにするだけではなく，そこから生物としての人間の普遍性を考えるおもしろさが，わたしたちの研究にはあった。

多くの同僚がアフリカ研究や霊長類研究を志すなかで，わたしに当時国立民族学博物館の教授であった秋道智彌に師事し，沖縄県の石垣島を起点に，オセアニアの島々にすむ海の人々の研究にフロンティアをもとめ，人間の海への適応と環境認知に関する研究をスタートさせた。

6　他者に出会う　進取性に富んだ海人

大学院に進学した1989年から2年間，沖縄県の石垣島でアギヤーという潜水追い込み漁の組に入り，もっぱら船に乗っていた。漁獲対象は沖縄の県魚であるグルクン。ほかの漁師からはグルクン大将とよばれていた伊計恒吉が率いる30名ほどの海人たちとともに，わたしは船上で働くことになった。海のカウボーイともよばれ

た伊計組は6隻の船に分乗し，天気が許す限り石垣島や西表島の周辺の漁場を疾走した。

アギヤーは深い海底に網をはり魚を追い込む沖縄独特の漁法である。別名，廻高網（まわしたかあみ）とよばれるこのアギヤーは1884年の沖縄本島の糸満漁民による水中眼鏡（ミーカガン）の発明をきっかけに生み出された独特な漁法である。沖

縄漁民が戦前戦後を通して，西はマダガスカルから東はチリまで世界各地に展開する原動力となったのがこの漁法である。今ではサンゴ礁の環境悪化と漁獲の減少から沖縄周辺ではほとんどできなくなってしまったが，東南アジアではムロアミというよび名でこの漁が続いている。

　わたしが漁に参加していたころは，さまざまな技術が発展したいわば爛熟期で，スキューバーダイビングのボンベを使って水深30メートルをこえる海底で魚を追うという，潜水病と背中合わせの非常に危険な漁となっていた。

　はじめてのフィールドは，毎日の仕事に疲労困憊し，言葉も通じないうえに聞き取りをする時間もなく，調査らしいことは，なにひとつできないまま日々が過ぎていった。こんなことで研究になるのかと不安になったこともあったが，あとで論文を書く段になって，こうして自分の身体を通して得た知識自体が，重要なデータであるということがわかってきた。

　たとえば，それまでの民俗学などの本では，このアギヤー漁は沖縄の伝統文化の代表としてあつかわれていた。そして，漁師たちはもっぱら伝統を守る古典的な人々として描かれていた。しかしわたしが出会った実際の漁師たちの姿はそうした記述とはまったく違っていた。そ

れぞれの作業は細かく分業され，伝統的漁法という言葉だけではとても説明できない多くの新技術が試され，なによりもカウボーイたちは進取の気質に富んでいた。

　わたしはその実態をいわゆる複雑系の一例と考え，個別の分業部署の小さな試行錯誤が全体のプロセスに接続されるときに，大きな技術革新が創発されるという，沖縄漁民の進取性のしくみについて論じた。これが最初の論文「沖縄潜水追込網漁に関する技術構造論—自律性の高い分業制から創発される柔軟で複雑な作業手順とその変容」である。

　この時の経験から，フィールドワークにとって大切なことは，調査をすることや聞き取りをすることよりも，まずそこにいさせてもらい，おなじ生活をすることなのだと身を持って知った。こうした経験こそが，あとの第3章で述べる正統的周辺参加そのものだったのである。

　言葉を通して聞き取りで得られたデータが，かりに「平面的」なものであるとすれば，身体を通して得られたデータはいわば「立体的」な知識である。それは論文を書き研究を進める段になっても，あとからさまざまな角度から切り出すことができる，厚みのある知識なのである。

7　常識を疑う　フィールドから人生を学ぶ

　次章以降で述べていくように，大学教員として学生たちにゼミや講義で人類学やフィールドワークを教えるにあたり，こうしたわたし自身の大学時代の経験はさまざまなかたちで生かされている。

　対等なメンバーシップを持ち，やりたい人がプランを立て，権利として参加する探検部。デザインを意識し，メディアを最大限に利用して

自己表現し創造性を引き出すミニコミの編集。オリジナリティとおもしろさを軸に，議論と批判から新しい発見を追求していくゼミ。そして，それぞれのメンバーの試行錯誤を組みあわせることによって予想外の進取性を創発する柔軟なアギヤー漁の組織。

　20代にこれらプロの現場のすぐ近くに居場所をあたえられたことは，わたしにとってかけ

がえのない財産である。

　自分が大学で講義を持つという立場になったときに，学生たちになにかの知識を教えるということ以上に，それぞれの学生が「そこにいてもいい」といわれる場所をみつけられるにはどうすればよいか，まずそれを考えた。

　人類学は，「人間とはなにか」を探求する学問である。研究する自分自身もその研究対象もおなじ人間である。そこがほかの学問と異なる難しいところでもあり，またおもしろいところでもある。自分の身体を通して異文化を体験することは，いいかたを変えれば自分自身を疑い，そこにメスを入れることである。

　人類学における参与観察による研究実践とは，すなわち，もうひとつの生きる場所をみつけるということである。たとえ研究の道に進まなくても，学生時代のこの経験は，それぞれの人生にとって必ず生かされるものになるとわたしは考えている。

　わたしの時とおなじように，多くの学生たちは，はじめてのフィールドにとまどうだろう。常識が疑わしくなり自分の考えの浅さにうちのめされるだろう。フィールドでは，だれかになにかを教えてもらえることなどほとんどなく，どうすればよいのかわからないまま，ひたすら子どものように，だれかについて，まわりをみながら考えていくしかない。

　しかもなにかの契機が訪れるのは，ほんの一瞬で，それもおよそ1回かぎり。おなじチャンスは2度とない。その瞬間は，あらかじめ心の準備をして待ち構えていないと見逃してしまう。「人生にとって大切なチャンスは3秒で決まる」なにかに迷っている学生たちに半ば冗談めかして，しかし本気の顔でわたしはよくそう語る。

　沖縄の石垣島にはじまったわたしの人類学人生は，その後，ソロモン諸島，宮古島，マレーシア東海岸，クック諸島，バヌアツとフィールドを広げ，今も新しい人々に出会いながら続いている。しかしそれらの研究については別の機会に譲り，学生時代の話はこのくらいにして第1章を終えたいと思う。

中国で撮った彩色写真

第**2**章
九州フィールドワーク研究会（野研）

1996 年に北九州市立大学に赴任し，まず最初に考えたのは，大学の演習や講義とは別に研究活動のための自主ゼミをつくることだった。仲良しクラブのような同好会的サークルではなく，かといって単位のための制度上の演習とも異なる，学部や学年をこえて興味を持った人たちが主体的にあつまり，共通の目的に対して相互批判ができるような場である。

実践の中から方法論を学んでいくという，わたし自身を育ててくれた研究環境を，ぜひこの大学にもつくりたいと考えたのだ。学生たちが将来どの分野で活動するにせよ，フィールドワークの経験は役に立つだろう。なによりもここから優れたフィールドワーカーが育ってくれれば，わたしにとって大切な研究のパートナーが生まれる。

最初の数年は，新しい土地である北九州を中心に，とにかく地域を歩きまわり多くの人に出会った。それにつきあってくれたのが命婦恭子，山中さやか，衣幸陽介らゼミに出入りする学生たちだった。当初そのあつまりを北九州市立大学における社会調査の拠点として，北九州フィールドワーク研究会とよんでいた。

やがて講義を受講している他学部生の中からも，フィールドワーク研究に興味を持つ学生たちがあつまるようになった。学外からの社会調査の依頼も増え，母体としての研究会組織をつくる必要が出てきた。

こうして 1999 年にたちあげたのが，「九州フィールドワーク研究会」である。少なくとも九州の他大学におなじようなとりくみが見当たらなかったので，九州全体を視野に入れた学術的な研究会をめざそうという志のもとに，名称の頭から「北」を外した。しかし，このままでは長くてよびにくいので，略称を「野研」とした。

1 あるいて，みて，きいて，それをつたえる

まず野研のパンフレットの一文を紹介しよう。

「あそぼう，あそぼう，街や森や海であそぼう。九州フィールドワーク研究会（野研）は，旅やあそびや学問が大好きな人であれば，だれでも参加できる自由な研究会です。いいかえると自然・文化・芸術の総合格闘道場です」

「天幕大学」から野研の最初の活動がはじまった。これは野研のたちあげメンバーのひとり，法学部 1 年の門屋裕和の発案だった。だれでも参加できる自由な研究会，その象徴として

野であそぼう！

あそぼう、あそぼう、街や森や海であそぼう。九州フィールドワーク研究会（野研）は、旅やあそびや学問が大好きな人であれば、だれでも参加できる自由な研究会です。いいかえると自然・文化・芸術の総合格闘道場です。

野研は高いスキルを持った個人のネットワークをめざすプロ集団です。だから大学のカリキュラムなんかにぜんぜん拘束されません。インターネットや野研会議などをつかって頻繁に情報交換して、ゲリラ的に集まって、みんなでわいわいがやがや、びっくり企画をたちあげます。

さらに、スタードームのワークショップ「きみだけのそら」の棟梁として全国各地に出張すれば、山の奥から小さな島、それから大都市まで、いろんなところに行けて、みんなに喜ばれてとても楽しいよ。さらにさらに、石垣島のサンゴ礁調査では、南の海を潜り放題だ。

活動は国内にとどまらず、世界中がフィールドです。いままで野研のメンバーが滞在した国は、ボリビア・ペルー・キューバ・インドネシア・ブラジル・トンガ・フィジー・中国・バヌアツ・キリバス・インド・エクアドル・イギリス・アイルランド・アメリカなどなど。驚いているひまはないぞお、次は君だ！

とまあ、そんなふうに「旅する私がであう誰か」が野研のもとめる究極のテーマなのです。

フィールドが君をまってるよ。

連絡先
北九州市立大学 人類学研究室
☎ 093-964-4167 竹川
参加の方法 [検索] 野研
www.apa-apa.net/~yaken/

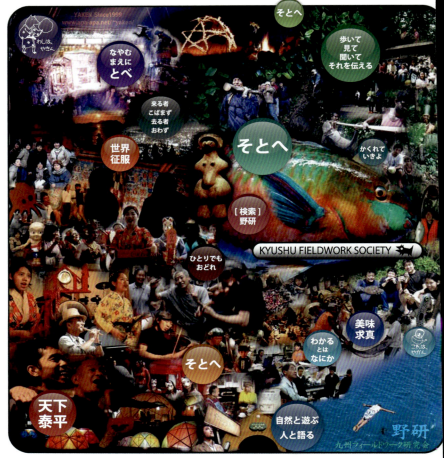

筑後の酒蔵「三井の寿」で麹をつくる

野研は天幕大学からはじまった

前田俊彦を偲ぶ瓢鰻亭のドブロク祭

曽根干潟の夜明け

ウナギを捕る干潟漁師の山田恵次

曽根漁協のセリ

キャンパス内に大きな天幕をはり，野外ゼミを開講した。天幕大学には重信幸彦，田村慶子，漆原朗子ら教員も参加し，それぞれの研究を発表した。天幕大学はたまたまそこを通りかかり興味を持った学生との一期一会の討論を楽しむ研究サロンだった。

　書を読んで野に出る。「学ぶ」と「歩く」の両輪によって野研は動きはじめた。大学の外にはさらに広い世界があり，魅力的な人々がいた。

　地域通貨の研究会を通じて知りあった前田賤や村上英志らなど豊津の「瓢鰻亭」の人々。卒論で酒造りを調査した山本雄大がお世話になった筑後の酒蔵「三井の寿」の杜氏の山下修司や蔵人の川端慎治，ウナギ漁の調査で平安啓乃が，セリの調査で高柳亮佑が，それぞれお世話になった干潟漁師の山田恵次と曽根漁協の人々。この時，取得した曽根漁協の仲買人の権利はその後も引き継がれ，今も学生とともにセリに参加している。

　福岡県を中心に野研の初期のネットワークは，広がりはじめた。そして，こうした人々とのつながりは，はや20年になる今も続いている。

　「あるいて・みて　きいて・それをつたえる」という言葉が，野研のスローガンである。およそフィールドワークにおいては，自分の足で歩き，目でみて，人に話をきくというこの三つは，欠かすことができない基本である。第3章で述べる参与観察や正統的周辺参加もここからはじまる。

　加えて野研では，四つめの「つたえる」ことを強調している。異文化に接し人とかかわること自体，好奇心をかき立て，成長を促す貴重な経験である。しかしそれだけであれば，自分ひとりの楽しみにすぎない。仲間をあつめ研究会として組織する以上，個人の経験にとどめないための情報の共有化と，相互批判や議論をする場をつくることが会の役割だと考えているのである。

2 野研の日常

　野研の義務はふたつしかない。ひとつは，野研の活動としてなにかの企画を実施したり参加した後には，できるだけはやく報告を上げること，そしてもうひとつは，やむを得ない事情がある場合をのぞき，週1回の野研会議に出席することである。

　インターネット上につくられた掲示板にその日のうちに蓄積されていく報告は，いわば公開されたフィールドノートである。こうした記録は野研の世代をこえて共有される資料であり，報告書や論文としてまとめるための草稿でもある。そしてなによりも，ほかのメンバーのモチベーションを刺激し，活動を促すための誘惑触媒なのである。触媒をもちいた相互作用によっ

て化学変化は加速する。

　「つたえる」ことは日々の雑談からも生まれる。なので野研では対面的な関係が重視されている。物事を決めるときには，できるかぎりメンバーどうしが直接顔をあわせる。対面的な雑談の中から新しいアイデアや企画が生まれる。大学の中にそうした「場」をつくっていくことが，わたしの最初の課題だった。

　天幕大学に常時開設できないし，研究室では狭すぎる。そこで調査資料を管理し作業をするために演習室を活用し，あいている時間にメンバーがあつまれるしくみをしだいに整えていった。そしていつのころからか，野研会議とよばれているランチミーティングが，定例会として

ひらかれるようになった。

新しいプロジェクトのアイデアは，そうした対面的なやりとりから生まれる。野外活動の安全講習や技術の継承もそこでおこなわれる。

あとで述べる大きなプロジェクトのほかに，野研にはたくさんの日々の小さな活動がある。音楽や映画を楽しんだり，絵を描いたり，大工仕事をしたり，大学の近くの山を散策し山菜を採ったり，海に潜り魚を突いたり。ゼミ室や大學堂での料理と食事も，日常の大切な活動のひとつである。

「自然・文化・芸術の総合格闘道場」である野研にとって，散歩と食事は，自然と創作を結びつけるもっとも基本の活動なのである。わたしたちが調査で訪れるフィールドでは，自分で火をおこし食事をつくるのはあたりまえのことだ

し，野外にテントを張ったり雑魚寝で宿をとることもしばしばだ。大学にいてもフィールドで学んだ知識を使い，海や山から食糧を手に入れ，料理をし，みなで食べる。その楽しみを日常の中にとりこみながら，すこしずつ慣れていく。

野研では2年に1度くらいの頻度で，数人のメンバーで西表島の無人の浜を訪れ，自然の恵みだけをたよりに1週間ほどテント暮らしをする。これはサバイバル（生存）というよりはサブシステンス（生業）であり日常生活だ。西表島の西部には，わたしが探検部のころにみつけた日本でもっとも狩猟採集生活に適した素敵な浜がある。生きることと食べることを毎日考える西表での生活は，メンバーそれぞれの「野研力」をためす絶好の機会となっている。

3 最小の投資で最大の効果を

フィールドワークでは，研究のためのデータ収集にとどまらず，必然的にそこで知りあった地域の人たちとのつながりが生まれる。それに付随して，断り切れないさまざまな依頼が舞い込んでくることになる。

それはお世話になった人への恩返しでもあるし，調査成果の還元でもある。野研のメンバーの数も限られているので，すべてを引きうけることはできないが，そうした依頼にはできるかぎり応えられるように心がけてきた。

組織としての野研は，資金的なバックアップもなく，人数も毎年わずか十数人にすぎない。なので必然的に最小限のエネルギーで最大の効果を得るために知恵をしぼることになる。現在，野研では大小あわせ年間およそ数件の社会調査や事業企画をこなしている。自分たちで起案し，予算を確保しておこなわなければならな

い事業も多い。大學堂ができた背景を理解するために，そうしたプロジェクトのいくつかを紹介したい。

■ 3.1　宮古島の調査 1996-1998

この調査はまだ，九州フィールドワーク研究会が，北九州フィールドワーク研究会と名乗っていた時代のことである。北九州市立大学に赴任して2年目のわたしは，幸いなことに大学院生のころから続けてきた沖縄の漁民研究で科研費を取ることができ，ほかの基金とあわせて3年にわたり宮古島の佐良浜で調査をおこなうことになった。

佐良浜の漁師たちは，糸満漁民に次ぐ漁業集団である池間漁民の流れをくみ，遠洋カツオ漁の乗組員として世界中で漁をしていた。1970

宮古島の調査 1996-1998

総勢35人の学生たちが訪ねてきた

カツオの一本釣りに参加する学生たち

双眼鏡でカツオの群れを探す船長

カツオ船での昼食

佐良浜はかつて遠洋漁業で大いに栄えた

マグロを持って帰る父

年代には1年の出漁で1千万円を稼げたといわれるほどの全盛期を経験したが、わたしが調査をおこなった90年代にはすでにこの遠洋漁業は終焉を迎えようとしていた。

そのころわたしが研究テーマに選んだのは、ダイビング業者と漁業者との葛藤事例であった。宮古島の周囲の海は長らく漁業者が独占的に利用してきたが、それまで知られていなかった美しいサンゴ礁や独特な地形に注目があつまり、ダイビング客が急増していた。

ダイビングは新しい観光産業として期待されていたが、ダイビングスポットはよい漁場でもあり、漁師とのトラブルが絶えなかった。ついには漁師が銛で脅したと全国ニュースにも取りあげられる問題に発展した。ダイビングショップ側の取材が多いなか、たまたま漁村で調査をしていたわたしは、漁業者側の考えや海の所有に関する意識を分析することで葛藤解決のための糸口を探る調査を進めた。

佐良浜では集会場や家を借り、毎年1ヶ月間ほど滞在していた。「住むところはあるので、宮古島に来てもよいですよ」と講義でよびかけたところ、夏休みの間に北九州から総計35人の学生たちが入れかわり立ちかわり訪ねてきた。当時の学生たちにはまだそんなフットワークの軽さがあった。漁師からわけてもらった魚を突然訪ねてくる学生たちと当番制で料理し、自炊をしながら調査を進めた。

学生たちに調査の手伝いを頼むこともあったが、その場でそれぞれ自分のテーマをみつけて研究をはじめる学生たちもいた。命婦恭子、張平平、白武佳子、稲富智子、山本雄大、重森誠仁、渡辺拓也、原田悠貴、内山雅世ら創生期の野研のメンバーたちがこの宮古島のプロジェクトから生まれている。

■ 3.2　市場都市北九州の発見 2000-2006

次に述べるのは市場の研究である。以下この本では「市場」を、「主として生鮮食品の小売店が1ヶ所に集合した合同店舗体」と定義する。ただしスーパーの専門店街や、生鮮食品以外の多種の店舗があつまる一般的な商店街、卸を専門にあつかう中央市場などは、この市場の定義にふくめない。

2000年にNTT北九州のホームページ「北九州いちばトレッキング」の業務を受託したのが、市場とかかわりを持つ最初のきっかけだった。野研の第1世代である今田文、門屋裕和、重森誠仁、堤高太郎、近藤紀代子らとともに、市内に点在する市場を取材し写真と記事で紹介した。ホームページが完成した後も、2000年末の旦過市場での社会調査実習、2004年度の学内特別研究「北九州市における、市場を中心とした街共同体の再構築」など、さまざまな機会を利用して、市場の調査を継続した。

当時、市内の市場をすべて網羅したリストは行政にも商工会議所にもなかった。悉皆調査をめざしたわたしたちは、車で市内をまわり地元の人に尋ねながら小さな市場を探しだし、北九州一円すべての市場の調査をおこなった。

その結果、北九州市は全国にまれにみる「市場都市」であるということが明らかになった。この街は政令指定都市の中でも飛び抜けて市場の数が多いのだ。2000年の調査時点で市場の数は、市内全区で97ヶ所にのぼり、最盛期にはさらに多くの市場があったこともわかった。調査の時点で全体的には衰退の傾向があり、最後の1店舗しか残っていないという市場もあった。その17年後の現在では、さらにいくつかの市場が廃業しているものの、それでもまだ多

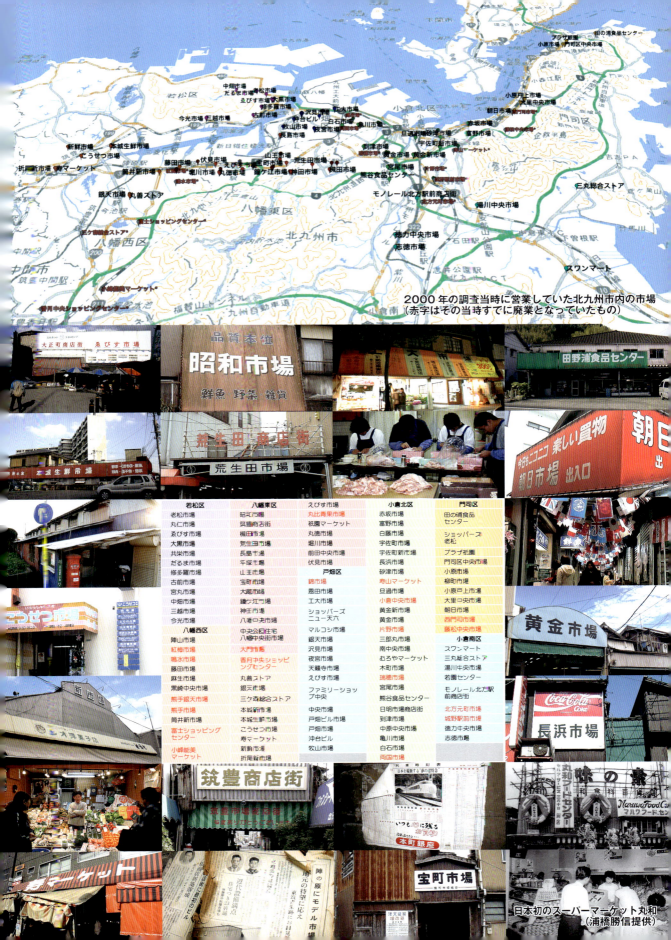

くの市場が地元住民の生活の場として現役で利用されているのが，この街の特徴といえる。

これは北九州市が，石炭の産地を背後に控え，製鉄業や重工業を中心にいち早く戦後復興を遂げたことに関係がある。戦後，大陸からの引き揚げ者や，朝鮮戦争の特需による好景気によって北九州一帯に多くの人があつまった。北九州地域の人口は，1945 年から 55 年までの 10 年間で 50 万人から 90 万人と，ほぼ倍増している。1950 年代に，こうした人々の食を支えたのが公設や私設の市場だった。

日本のほかの地域が経済成長を遂げるのは，それからほぼ 10 年おくれた 1960 年代後半である。この時代にはすでに生鮮食品の小売の形態としてスーパーマーケットが一般化し，北九州以外の地域では市場がつくられることが少なくなった。

ちなみに，1956 年に日本初のスーパーマーケットが生まれたのも北九州市であり，旦過市場の入口にある「丸和」がそれである。

さらに「人」に注目することで，市場には経済的合理性以外のさまざまな機能があることも見えてきた。それは経済学や社会学や行政学，都市工学でおこなわれてきた従来の定量的なアンケート調査では見おとされてきた，多種多様な価値観が集結した生々しい市場の姿であった。

市場の中には経済効果や消費活動の常識を無視するかのような店が多くみられた。1 日の売り上げがほとんどない店，三線演奏や写真撮影など店主の趣味を披露する店，毎晩売れ残った食材を料理してお客さんと夕食を食べる店。たとえばこうした店は，あたかも個人宅の居間が街の中に出現したような状態になっており，独特な公空間を形成していた。

そして多かれ少なかれどこの店舗も，顔がみえる個人個人の関係性の中にどっぷりと埋め込まれていた。それは，一国一城の主である市場

の人々の魅力と常連客との日常的なつながり，つまり人間関係＝社会における「対面性」の重要性を示すものでもあった。

こうした今に残る多彩な市場文化こそ，まさに全国に類をみない北九州市の特徴であるといえる。そしてこのときの研究成果が，やがて旦過市場での大學堂開設へとつながっていく。しかし，その話はこのあと第 4 章で詳しく書くことにしよう。

■ 3.3 スター☆ドーム 「きみだけのそら」2004–

野に出ることと旅をすることは，野研の活動の要である。わたしは常々，遊牧民が持つテントや，狩猟民が森でつくるハットのような，どこでも簡単に建てることができる居住空間にあこがれを持っていた。人類の地球規模の移動と拡散は，人類進化研究における重要なテーマのひとつである。なのでこれは単なる趣味にとどまらず人類学者としての課題でもある。

イギリスのオックスフォード大学に客員教授として滞在していたときに，地域のお祭りでドーム型の住居を手づくりしているのをみかけた。このモデルは現代のレオナルド・ダ・ヴィンチとよばれた多才な学者バックミンスター・フラーが発明したジオデシックドームだった。

興味を持って調べていくと，そのドームはアメリカの 70 年代西海岸のいわゆるヒッピー文化の影響をうけたセルフ・ビルド・シェルターのさきがけであり，その後のタイニー・ハウスという世界的なムーブメントにつながっていることがわかった。

帰国後，「最小の素材から最大の空間を創造する」というフラーの思想に共鳴し，日本で手に入れやすい竹を使い，これまでにない新しい構造物を自分たちで開発しようと考えた。木下

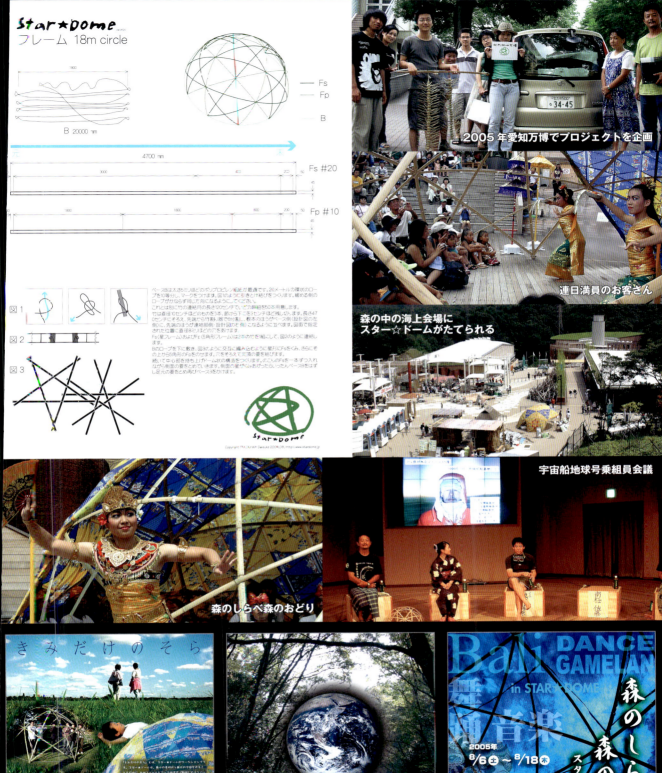
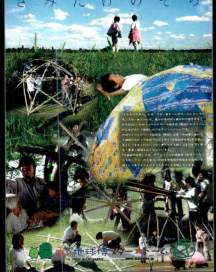
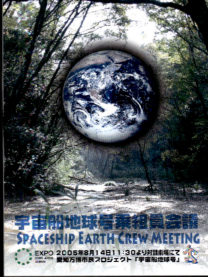

靖子，今田文ら当時の野研の学生たちとともに，2002年から1年かけて毎週のように新しい試作品を建てては壊す試行錯誤を重ねた。

良質の竹を探し，大学近くにある大興善寺の中尾暢宏，北九州市森林組合の赤松徹生，到津の森公園の岩野俊郎，瓢鰻亭の前田賤，ものづくり豊の会の村上英志らに声をかけた。提供されたさまざまな竹の太さと強度を検証しながらドームの開発は進められた。

そうして2003年の春に半球の中に星の形が姿をあらわし，翌2004年に，ついに実用に十分な強度を持ち簡易に建てることができる円周18メートルのプロトタイプが完成した。

わたしたちはフレームを組みあわせたときの形状からこの新しいドームを，スター☆ドームと名づけ，さらに改良を重ねていった。こうして手に入れた知見は特許申請をせず，公開技術としてウェブサイトで設計図と組み立てかたを公表した。これまでにない構造と十分な強度を持ちながら，30分ほどの作業で，だれでも簡単に建てられるというのが，このスター☆ドームの特徴であった。

スター☆ドームの評判は，またたくまにインターネットを通じて広がり，2005年に愛知県で開催された「愛・地球博」では，万博瀬戸会場の市民プロジェクトのひとつとして，8月6日から21日までの15日間のプロジェクト「宇宙船地球号」を運営することになった。

「宇宙船地球号」では竹川大介をプロジェクトリーダーに今田文，木下靖子，吉田幸恵，赤崎時子，青柳亜紀子など野研のメンバーがマネージメントを分担し，三つのイベントを企画した。最終的にわたしたちのプロジェクトは，全体のスタッフと出演者をあわせ総勢142名にのぼる大規模なものとなった。

スター☆ドームをもちいたワークショップ「きみだけのそらを創ろう！」では，北九州市

立大学から総勢34名の学生がスタッフとして現地参加し，名古屋の中部大学から嘉原優子とそのゼミ生たちが合流した。

スター☆ドームを舞台にした音楽イベント「森のしらべ森のおどり」では，印貢陽子が率いるバリ舞踊集団「スルヤ・ムトゥ」と松井克宏が率いるバリ音楽集団「スアラ・スクマ」による踊りと演奏のコラボレーションを展開し，連日たくさんの観客をあつめた。

さらに2005年8月14日には，市民パビリオン対話広場で「宇宙船地球号乗組員会議」が開催され，北九州市立大学から竹川大介と木下靖子，東京大学海洋研究所から佐藤克文，環境科学技術研究所から篠原正典が，日本科学未来館から新井真由美が，それぞれ，バヌアツの小さな島嶼，南極の昭和基地，青森の六ヶ所村につくられている人工閉鎖空間ミニ地球，火星に建築する予定の人工居住地など，極限状態における人間の生活環境に関するシンポジウムをおこなった。この会議では，限られた空間と資源を利用して人がどのように生きられるのかが示され，地球というひとつの有限世界に住む人類の将来について参加者たちと討論した。

この万博のイベントの成功は，その後，全国各地でスター☆ドームをもちいたワークショプを展開していく大きなきっかけとなった。九州国立博物館のオープンを控えた太宰府市では，市役所の若手職員を中心に組織された団体CATに協力し，愛知万博と並行するかたちで2005年8月に大宰府政庁跡を会場に「だざいふ☆スタードームフェスティバル2005」をおこなった。

さらに同年10月には，高田町（現みやま市）商工会青年部の中尾一徳の依頼をうけ「てもよかまつりたかた～能と花火を彩るスタードーム」に参加した。以来，みやま市とのつながりは10年以上続いており，現在ではバンブーイ

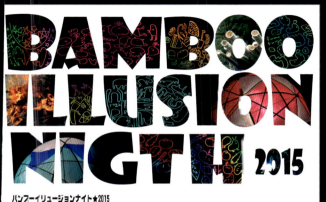

大宰府政庁跡でおこなわれた、
ださいふ☆スタードームフェスティバル

毎年みやま市でひらかれる
バンブーイリュージョンナイト

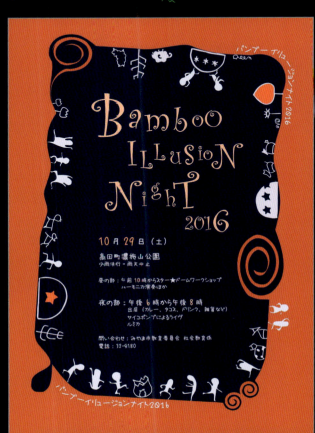

リュージョンナイトというイベントに名称を変え，野研が全体の企画を請け負っている。

こうした要請に応えるために，毎年春になるとドームの組み立てを指導できる学生たちを棟梁として育て，ウェブサイトを通じて全国から依頼されるイベントや講習会などに派遣している。スター☆ドームのつくりかたを覚えたいと依頼してくる団体の多くは野外活動をおこなっており，野研の活動との共通点も多い。

スター☆ドームの最初のムーブメントが起きたころは，野研の活動のほとんどはドームに関連しており野研＝スター☆ドームというイメージがあった。たしかにスター☆ドームは今でも野研にとって屋台骨である。ネット上では毎日のように設計図の問い合わせがあり，年間数件の棟梁派遣の依頼をうけている。ここでの出会いや活動を記録するだけでも一冊の本になるだろう。

しかし野研の活動は，すでにそれだけにとどまらない。さらに先を進めよう。

■ 3.4 水族館劇場北九州公演 制作団 2004-2009

2005年はさまざまな大プロジェクトが重なりとても多忙な年となった。前年にわたしがおこなった講演会がきっかけとなり，東京を主な拠点にテント芝居を続けている水族館劇場とのつながりが生まれ，北九州公演「月と篝火と獣たち」の制作に野研が参加することになった。

制作の仕事は宣伝渉外からチケット販売まで興行のマネージメントであるが，それ以外に舞台準備や役者のサポートもした。竹川が公演全体の制作団長となり，地元劇団や行政関係者とともに実行委員会を組織し，手探りでこの大仕事を進めていった。

野研は演劇に関しては，業界のしきたりも知らない素人集団にすぎない。しかし，こんな野研に期待されていたのは，おそらく前知識がないからこそ可能になる，常識を逸脱した，まったく新しい試みだったのだと今にして思う。

座長，桃山邑が率いる水族館劇場は，まさに「野を旅する」あつまりだった。実際水族館劇場の雰囲気はどこか野研と似ていた。たしかに，もとめられている個と集団のありかたに違いはある。いわゆるアングラ劇を原点とする水族館劇場は，組織の集団性を重視していた。かたや組織としての輪郭があいまいな野研は，集団よりも個に比重をおく。しかしその差はさほど大きくはない。集団と個のせめぎあいが両者に共通する永遠のテーマだった。

むろん水族館劇場は野研とは異なりプロの演劇集団である。しかし，すべての成員が情報を共有し，批判しあうなかで物事が決まっていくというプロセスは野研になじみのあるものであり，メンバーどうしは対等な関係を結びながら議論を重ね，いわゆる上意下達的な組織と一線を画しているところで，両者のスタンスは一致していた。

水族館劇場から学んだことは，個と集団をこえたところで新しい表現を創造する，その方法である。水族館劇場のメンバーは自分たちで建てた大きなテントの中に1ヶ月以上寝泊まりをして，芝居の稽古をくりかえしながら舞台を完成させていく。演劇とは，音楽・美術・文学が融合した総合芸術である。寝食をともにした野研のメンバーたちは，それぞれの劇団員が自分の能力と役割を理解し，主体的に動きながら，全体としてひとつの作品にしあげていく過程を目の当たりにし，ものをつくることの困難さと楽しさを存分に学んだ。

これ以降，水族館劇場とは「月と篝火と獣たち」「花綵の島嶼へ」「Noir 永遠の夜の彼方に」などの作品を通して数年間の蜜月関係が続く。

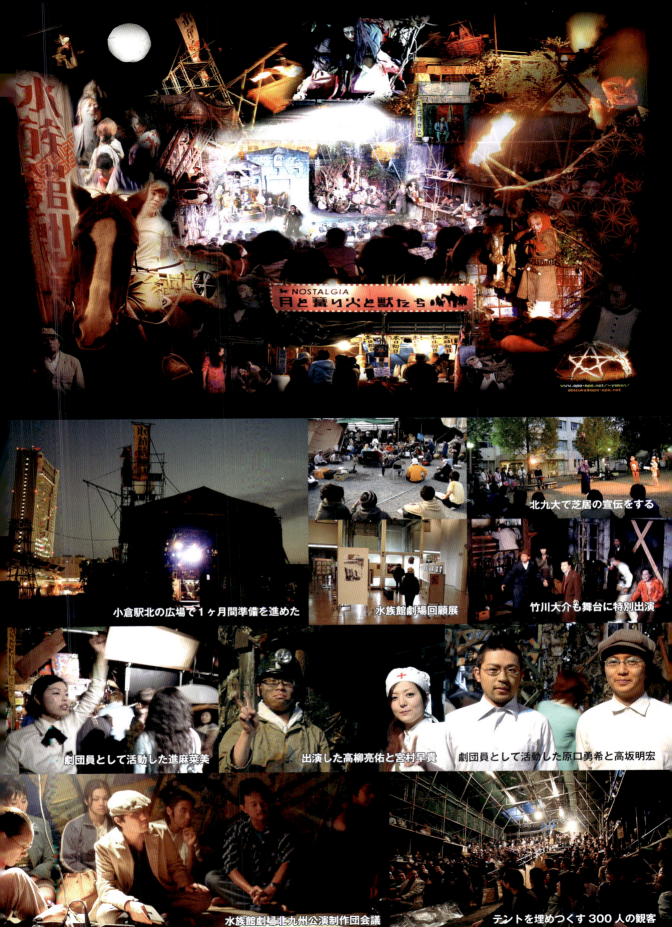

野研のメンバーである門屋裕之，木下靖子，青柳亜紀子，木野理恵，黒田陽子らが早い時期から制作でかかわっていたが，その後も高柳亮佑，宮村早貴，今田文が出演や美術に参加し，進麻菜美，高坂明宏，原口勇希は水族館劇場の役者として活動することになった。

どんな権威も常識もとどかない，だれもみたことがない荒野をもとめて旅するこのテント芝居との出会いは，その後の野研の活動に大きな影響をあたえた。

■ 3.5 石西礁湖サンゴ礁自然再生事業調査 2005-2010

第1章で述べたとおり沖縄県の石垣島は，わたしの研究者生活の原点ともいえるフィールドである。

2005年より竹川は，環境省石西礁湖自然再生委員会の専門委員として再びこの島に足を運ぶようになった。1972年の本土復帰以降，沖縄県全域のサンゴ礁は悪化の一途をたどり，場所によっては壊滅に近い状態になっていた。環境省は自然再生推進法のもとで，比較的多様なサンゴが残っている石西礁湖の保全と再生を目的に，2005年に「石西礁湖自然再生マスタープラン」を策定し，翌年「石西礁湖自然再生協議会」が発足した。

サンゴ礁の自然再生事業は，主としてサンゴ礁生態学や海洋物理学などの自然科学の研究者による環境モニタリングとサンゴの移植事業によって進められたが，わたしの役割は海域の人為的な影響を調べ，サンゴ礁保全のために社会科学の視点から施策を検討することだった。

多くの人が住む石垣島では，人間活動による社会的影響も無視することができない。漁業者のみならず釣り人や観光客など，さまざまなかたちで海域が利用されている。海に流れる川の

水系まで加えれば農業者，畜産業者も重要なステークホルダーであったし，島に住んでいる人々の生活のあらゆる側面が，海の環境にかかわっているといっても過言ではない。サンゴ礁の保全のためには，自然科学の研究とすりあわせるかたちでの社会調査が不可欠であった。

2006年より3年間，亜熱帯総合研究所や中央開発株式会社からの業務委託をうけ「石西礁湖におけるサンゴ礁生態系保全のための統合的環境管理に関する社会調査」をおこなった。地域のさまざまな関係者から話をきくため，毎年，野研のメンバー数名とともに1ヶ月あまり石垣島に滞在し，手分けをして漁業者・ダイビングショップ・地域住民からの聞き取りを進めた。

この3年間の調査に参加した学生は，木下靖子，田畑宏美，山田洋，井上広平，三宅大児，木下薫，有松由衣，大久保大助，須藤康之，吉岡美紀，大津留香織，原田萌らである。

学生のころにお世話になったアギヤー漁の組は，大将の伊計恒吉が潜水病で倒れ1998年に解散していた。わたしは昔の自分を思い出し「漁師の調査では海でしごかれるよ」と事前に学生たちに話していたが，厳しかったかつての海人たちは，相応にみな年を取っており，学生たちに対してはまるで孫を相手にするようにやさしかった。

わたしたちの調査は，アギヤー漁の最後をとり仕切った宮里盛雄や，平良光男，金城国男，河村雄太，當間元ら石垣島各地の漁業者の協力を得て，多くの漁業者を対象に広範囲に進めることができた。また島在住の知識人である山里節子や金城五男から貴重なアドバイスや資料の提供もうけた。

メンバーは石垣島の登野城集落から新川集落にかけて自転車で走りまわり，家々を訪ねては海域利用とその歴史的経緯に関する詳細な話をきいた。実際に船に乗りGPSを使い利用海域

の位置を確認する実地調査もくりかえしおこなった。さらに調査の2年目と3年目にはダイビングショップや釣り渡船などに対象を広げ，最終的に100名をこえる関係者を取材した。

聞き取りの内容はトピックスにわけて分類され，3年間で3冊の報告書にまとめた。報告書の作成とあわせて，漁師たちが利用する地名に関する詳細な地図を作成し，漁場カルテなど環境利用の地理情報データベースを完成させた。

学生たちにとっては，大学の実習で学ぶ社会調査と異なり，自分たちが聞き取ったデータが，実際の施策に生かされ，サンゴ礁の保全につながるという点で，とてもやりがいのある仕事だったと思う。この学生たちの中から次に述べるバヌアツのプトンギプロジェクトのメンバーが選ばれている。

■ 3.6 JICA 草の根技術協力事業 プトンギプロジェクト 2007-2010

2000年に内乱がおきたため，わたしは1994年から継続してきたソロモン諸島での調査を中断し，隣国のバヌアツ共和国にフィールドを移した。

調査地に選んだのは，フツナ島という，標高が666メートルもあるのに直径はわずか4キロメートルの，全島石灰岩からなるプリン型をした隆起サンゴ礁の島だった。島の頂上の台地は寒くて人が住めず，500人たらずの島民たちは島の周囲の崖沿いに5ヶ所の集落を形成しくらしている。しかも，もっとも近いタナ島まで80キロメートル，首都ポートビラまでは300キロメートルも離れている南太平洋上の孤島でもあった。

フツナ島には今から少なくとも15世代以上前に，トンガ周辺のポリネシア地域からカヌーで渡ってきた，いわゆるポリネシアン・アウトライアーの人々が住んでいる。ここには小さな島で数百年にわたり世代をこえて生きていくために必要な，さまざまな知識が残されていた。

しかし，そうした伝統文化の調査を進めるうちに，もうひとつの新しい現状がみえてきた。島では現金収入が得られないために，若者や働き盛りの夫婦が島を離れ，首都への移住が増えているという。近代化による経済構造の変化はこんな小さな島にも影響をおよぼし，数百年守られてきた技術の継承者が島に残れないという現実が生まれていた。

フツナ島には大型回遊魚やイセエビなどの海産資源が豊富にあり，流通の問題さえ解決すれば，島にいながら収入を得ることができる。わたしは滞在中に島民たちとさまざまなアイデアを検討し，島の産物を首都で売る方法を探った。調査を終え首都に戻ったときに，こうした課題についてバヌアツのJICA事務所で報告をしたところ，草の根技術協力事業に応募してみてはどうかと勧められた。

島の人たちと考えたもっとも有効なアイデアは，島の伝統食であるプトンギを商品化するというものであった。プトンギとは葉で包んだ魚を，石焼きと炭火による遠赤外線で何度も焼きしめたフツナ島独自の保存食である。燻製と違い，煙のにおいはほとんどなく，包んだハーブのよい香りがする。ちょうど鰹のなまり節のような堅さで，ほぐして料理にも使える。しかしなまり節よりは水分が多く弾力性もあり，まるでハムのような上品な食材であった。

このプトンギを村で冷凍したうえで真空パックし，週に2便の定期便を使って空輸する。バヌアツの首都ポートビラには観光客があつまり魚肉のニーズは高い。マグロやサワラなどの回遊魚を原料に上質なプトンギを供給すれば，バヌアツ人だけでなく，外国人にも売れるだろう。

日本に戻り，野研のメンバーにこの計画を伝

え，パッキングの方法や街での売りかたを検討しながら事業内容と実現可能性を精査し，1年かけて草の根技術協力事業の書類を作成した。幸いなことに，わたしたちの事業は採択され，2007年から2010年までの3年間，総額1000万円のファンドをもとに「バヌアツ共和国フツナ島村落開発プロジェクト」通称「プトンギプロジェクト」がスタートした。

この事業のもっとも大きな特徴は，人類学の研究者が現地の人たちとともに立案したという点にある。立案者は事業がはじまる前からすでに現地に長期間滞在しており，現地の人と良好な関係を持ち，言語や親戚関係などを把握している。事業が終了する3年後には，すべて村の人だけで運営しなくてはならなくなる。経営に関する知識があるだけでなく，公平であり，信頼のあついカウンターパートを選ぶために，村の人間関係を理解しているという点は大きなアドバンテージであった。

プロジェクトの期間中，木下靖子，田畑宏美，井上広平，大久保大助，大津普香織の5名の野研の学生たちが，交代で3年にわたり現地に滞在し，継続的に島で生活しながらプロジェクトをささえた。

プロジェクトではまず島内にある3ヶ所の村に加工場をつくり，ソーラーパネルと直流の冷凍庫を設置した。さらに真空パックの機械を1台導入し，村間の輸送のためにボートを購入した。いざ事業をはじめてみると，機材の購入と設置，製造方法の効率化や，食品衛生の知識，販売ルートやパッケージデザインなど，わたしたちが新たに学ばなければならないことは山ほどあった。

村で事業を進めるだけでなく，資材を安く発注するためにオーストラリアの業者と交渉し，真空パック機のメインテナンスや減菌と食品衛生に関する講習会をうけるなど，首都や日本からのサポートも並行して進めていった。

こうして1年かけてプトンギの生産が軌道に乗ると，次は販売である。輸送や流通のコストダウンや販売先の確保もむろん重要な仕事である。しかしそれ以上に，歩留まりや利益率をどのように設定するのか，事業を継続的におこなうために，減価償却の計算や機械のメインテナンスも含め年間どの程度の費用が必要なのか，村の人に作業ごとに払う賃金の配分など，経理にかかわる問題は難しかった。

野研のメンバーは島民たちと何度も検討を重ね，実情にあわせて柔軟に方針を修正しながら事業を進め，3年後にプトンギプロジェクトを無事フツナ島の人々に引き継ぐことができた。

ハンドオーバの1年後に再び島を訪ねたが，プトンギプロジェクトは資材を有効に使いながら新たに鮮魚の冷凍輸送にとりくむなど，さらに市場を広げていた。島民1家族に対して月に5000円程度の収入ではあるが，島での生活を維持しながら現金を獲得する手段を持ったことは歴史的な出来事だと喜ばれた。

このフツナ島村落開発事業で培われた「実践の中から現場で学ぶ」という姿勢は，ほぼ同時期にスタートした大學堂の運営にも生かされている。

■ 3.7　海洋文化館リニューアル事業 2009–2013

竹川は2009年より，沖縄海洋博がおこなわれた国営沖縄記念公園内にある海洋文化館のリニューアル事業に海洋文化館展示アドバイザーとして参加し，新展示の企画や収蔵品の監修および収集などの仕事に携わった。この博物館には沖縄海洋博の当時の貴重な資料が数多く残されており，太平洋に住む人々の航海による歴史的な拡散と，沖縄の島嶼文化を全体のテーマに

してリニューアルを進めた。

　新しい展示物の収集や展示の内容に関して，ちょうど同時期にメラネシア地域で調査をしていた野研の大学院生に協力を仰いだ。わたしは主にソロモンを担当し，大津留香織がバヌアツ，門馬一平がパプアニューギニアを分担し，博物館の展示品を収集した。学生たちにとってもそれぞれの研究の専門性が生かされた事業となった。

　アドバイザーとしての監修の仕事もさることながら，博物館の展示の企画に直接かかわる経験は，興味深く学ぶべきことが多かった。

■ 3.8　放課後みつばち倶楽部 2012–

　人と自然のかかわりは，野研が中心的にとりくむ課題のひとつである。そこには人間の生存や適応に関する普遍的なテーマがある。

　野研のメンバーはそれぞれ世界各地でフィールドをさがす。しかし遠くはなれた場所ばかりではなく，もっと身近に研究拠点を持てないだろうかと常々考えていた。

　2003 年，野研メンバーの木下靖子は，はじめてのフィールドとして対馬に出かけ，そこでニホンミツバチを飼っている人々に出会った。通常のハチミツ生産に使われるセイヨウミツバチは飼育方法が確立し，生殖も管理され，品種改良も進んでいるいわば家畜昆虫である。それに対してニホンミツバチは，基本的に野生のものを捕獲して飼育する。人の飼育と森での自然繁殖を往復するいわば半家畜といえる。

　セイヨウミツバチの養蜂は明治に海外から導入された技術だが，ニホンミツバチの養蜂は，北海道と沖縄をのぞく日本各地で平安時代以前からおこなわれ，そこには多彩な知恵と技術が蓄積されていることがわかった。木下の報告をうけ，竹川大介，岩野俊郎，木下靖子，青柳亜

紀子の 4 名でふたたび対馬に視察に出かけ，ニホンミツバチ養蜂の魅力を知った。

　わたしたちが日々をすごす大学付近にも照葉樹の森があり，豊かな自然環境にかこまれている。翌年の 2004 年春にはさっそく大学に待ちうけの巣箱を用意した。しかしなかなか野生のミツバチを捕獲することはできず，実際にニホンミツバチを手に入れたのは，それから 8 年後の 2012 年 5 月であった。たまたま大学の近くで巣箱をみつけ，所有者であった個人養蜂家の一丸英夫に会い，直に技術を学んだことがきっかけになった。

　そして 2014 年 9 月 23 日には，大学の屋上に飼育場を移動し，ニホンミツバチの養蜂にとりくむ「放課後みつばち倶楽部」が野研のプロジェクトとして正式に発足した。

　「放課後みつばち倶楽部」では「北九州市街地におけるニホンミツバチ養蜂の在来技術調査と環境モニタリング指標としての利用」2014，「ニホンミツバチ養蜂をとおした地域比較調査と環境教育における実践学習への応用」2016 などの学内の特別研究費をもとに本格的な調査をはじめた。これらの研究では，都心部におけるニホンミツバチの養蜂実践を通じて，おおよそ次の三つの研究課題を設定している。

　ひとつめの課題は，ニホンミツバチの学内養蜂による継続的なモニタリングである。これは都市部における農薬の影響や環境変動などの生物指標として，ニホンミツバチを活用するというものである。

　とくに注目しているのは近年，北九州地方で多くの報告が上がっている蜂児出し現象で，これにはネオニコチノイドなどの農薬や，サックブルードウイルス，アカリンダニなどの原因が疑われている。こうした被害について近隣の養蜂家から情報をあつめ，発生メカニズムの疫学的データを蓄積すると同時に，学内で対策法を

放課後みつばち倶楽部

北九州市立大学でニホンミツバチを育てています

試験している。研究会と交流をかね，年に4回ほど北九州市近隣の個人養蜂家があつまる「みつばち会議」を開催し，情報交換をおこなっている。2016年には農研機構の専門家，前田太郎をまねき最新の情報を講演してもらった。

ふたつめの課題は，西日本を中心とした日本の養蜂文化の地域特性の比較である。対馬を代表に九州，中国，四国の山間部には伝統的養蜂をおこなっている個人養蜂家が多い。そうした地域を訪ね，伝統養蜂の歴史的変遷や飼育・採蜜技術の違い，ハチミツの流通や利用に関する知見を調べている。南太平洋での調査地でも養蜂やハチミツ採取がおこなわれており，民族学や文化人類学の観点からのデータ収集もこの研究課題にとりいれている。

2016年度の夏には，門馬一平，田村嘉之，古藤あずさ，三崎尚子，本田真悠とともに九州山地の伝統的ニホンミツバチ飼育に関する広域調査をおこない，地域による多様性を確認することができた。個人養蜂家はそれぞれの民俗知識をもとに多様な試みを重ねており，養蜂技術が確立していない半家畜における技術革新のようすが明らかになった。

三つめの課題は，講義の受講生やゼミ生などとともに進めた，ニホンミツバチのハチミツ生産から販売までの実践である。2015年には「みつばち会議」のメンバーとともに「北九州和蜂蜜」のブランドをたちあげ，生産地別に大学内で採れたハチミツを「小倉」，山田順章の「門司」，村上靖治の「若松」，平野俊衛の「筑豊」と銘打ち大學堂で限定販売した。この「北九州和蜂蜜」は，都市部では入手が難しい希少品として注目され，販売開始の当日にまたたくまに完売した。

さらに2016年には九州山地のベテランが生産した和蜜をあつかった。広域調査によってつながりができた祖母傾山で蜜を採る多賀英志の

「トトロ」，高千穂周辺で蜜を採る坂本利春の「高千穂」，霧島から米良一帯で蜜を採る大田勇の「霧島」の3種の山蜜を大學堂で販売した。

2017年度は，これまでの成果をもとに，11月に筑波大学でひらかれる第1回ミツバチサミットで研究発表をおこない，同時に開催される「全国学生養蜂サミット」に「放課後みつばち倶楽部」の学生たちと参加し，養蜂を環境教育にとりいれている全国の大学や高校との交流を進める。

■ 3.9 奥能登・上黒丸アートプロジェクト 2013-

2012年に大學堂でのとりくみが地域のアート活動として紹介され，「市民」が主体となりコミュニティの再構築をめざすアートプロジェクト「アサヒアートフェスティバル」に参加することとなり，全国で同様のとりくみをしている多くの団体とつながりができた。金沢美術工芸大学が運営する「問屋まちスタジオ」もそのひとつである。

2013年には野研のメンバーで金沢に視察にでかけ，金沢美術工芸大学で空間インスタレーションを教える中瀬康志とのつながりが生まれた。その後2014年度から，北海道教育大学の坂巻正美とともに上黒丸アートプロジェクトに参加することとなった。

上黒丸アートプロジェクトでは奥能登の里山里海において，アートを媒体に地域住民と連携しながらフィールドワークによる現地調査を行い，地域の特性を活かした奥能登独自のありかたとそのゆくえを探ることを目的としている。

初年度の2014年には大津留香織，猪股萌子，江尻圭佑，蔡謙が，1ヶ月間，珠洲市の山村である上黒丸地区に滞在し，村落をまわりながら昔のくらしに関する聞き取りをおこない，アル

バムに残る古い写真を撮影し収集した。作品制作では竹川大介と木下靖子が合流し、地域の人の語りの中から浮かび上がった50年前のくらしを現在の風景と重ねあわせた朗読作品「上黒丸の昔」、アルバムから得た古い写真をもとに当時のようすを再構成した「おもかげ幻燈」の2本の映像作品を制作した。イベント「巡回むかしがたり幻燈会」では、このふたつの映像作品をスター☆ドーム内や屋敷の土間を利用し6ヶ村で巡回上映した。

2015年度には大津留香織、猪股萌子、木下靖子、古藤あずさ、竹川玄之介、竹川大介が参加。上黒丸南山地区にて自分たちで萱を刈り、こもを編み、萱葺きのドーム「おこも丸」を作製した。おこも様とは河原乞食の別称でもあり、ここでは村の片端に住む旅まわりの家族をイメージしている。かつて秋になるとこの地域の山村に竹細工や器を売り芸をみせてまわる人々が訪れ、村に小屋がけをして滞在しながら、米をあつめたという。

イベント「上黒丸越冬隊予行演習」ではこのエピソードを再現するかたちで「おこも丸」に寝泊まりし、中央につくられた竈で煮炊きをおこない、訪問する上黒丸の村人たちを迎えた。こうした村の人々との交流も含めてかつてそこにあった歴史的な状況そのものを再生し、ひとつの作品として仕上げた。

これらのプロジェクトで実践されているアーティスト・イン・レジデンスは、滞在から生じる新しいモチーフを、芸術作品として構成していくプロセスであり、人類学者が研究でおこなう長期のフィールドワークと多くの共通点を持っている。

2016年には竹川大介、猪股萌子、伊藤圭吾の3名で輪島市の海士町と舳倉島で、伝統的な保存食と山海交易の調査をおこなった。北陸の伝統的な保存食である魚の糠漬けは、能登では「こんかづけ」とよばれ海から山へ、行商の主力産物であった。こうした行商は、かつてはナダマワリあるいはザイゴマワリとよばれ、河口に停泊させた船やダンナンバとよばれる得意先に宿を借り周辺の村々をまわっていた。

また能登半島は江戸時代に北前船の船首を輩出した地である。北前船ではおもな交易品として、北へは米を、南へはニシンからつくられた金肥や海草類を運んだ。これもまた山海交易である。つまり半島内での交易モデルが、日本列島の南北をつなげる北前船交易の雛形となっていたのである。

さて、竹川大介は、これまでの上黒丸アートプロジェクトの成果などが認められ、2017年に開催される奥能登国際芸術祭の公式作家として野研とともに招待されることになった。

奥能登国際芸術祭においては、「海のこと山のこと」という作品で、日本列島の動脈を形成した山海交易を表現する祭礼の場を現代に再生したいと考えている。8月末から多くの野研メンバーが上黒丸に滞在し総動員で制作にとりかかる予定となっている。

■ 3.10　単発のプロジェクト

ここまで紹介した年度をこえた大きなプロジェクト以外にも、数人のメンバーで企画する単発の事業が毎年数件まいこんでくる。印象に残ったいくつかの事業について書いておこう。

2006年2月18-27日：鹿児島県のアイランドキャンパス学外活動で「子どもたちと考える島の文化と好きな場所」という企画が採択され、竹川大介、門屋裕和、吉田幸恵、佐藤直子、有松由依、井本将志、工藤祐次郎のメンバーでトカラ列島の悪石島に渡った。島では、こどもたちと学生がチームに分かれそれぞれ村内の地図をつくり、隠したドラゴンボールを探

すというイベントを1週間かけて準備し，最終日の前日に実施した。滞在中には，メンバーのひとりが島にすむ野生のヤギを捕獲し，最後の夜には島の人たちとおいしく食べた。

2010年1月30日：小倉中央商業連合会の食市食座実行委員会からの委託をうけ，婚活イベント「恋はもうもく」を主催した。このころ海外で，目隠しをして食事をしながら味と会話を楽しむというブラインド・レストランが話題となり，そのしかけを婚活にとりいれた新しい企画だった。イタリアンレストラン TIZIO を会場に32名16組の男女をあつめ，ユニークな婚活イベントとして話題となった。プロジェクトリーダーは進麻菜美，デザインは吉岡美紀が担当し，当日は野研総出でサポートをした。

2012年7月7日-9月23日：「工房・自由空間」でデザイナーをする松岡忠夫のさそいで，北九州市イノベーションギャラリーの夏の企画展「手づくり遊び展」のブースを企画した。草や木を使った玩具のコーナーを担当し，仲村知佐子，沖元絢香，木下靖子が草笛やバッタの造形，竹馬などの遊具を紹介し，竹川大介は遊び展全体の案内パネルを作成した。

4 人生の達人たちとの交流

プロジェクトを進めることによって得られるもっとも大切なものは，その道のプロに出会うということである。野研の学生はたんなる下請けではない。むしろ企画者のひとりである。野研での学びはそうした経験の中で，手取り足取り教えをうけるのではなく，よいモデルをみつけ模倣し，技を盗むというスタイルをとる。

モデルとなりうる人生の達人あるいはプロの専門家たちを，わたしたちは敬意を込めて「いい大人」とよんでいる。いい大人たちはおおかた，野研の学生たちを下にみたり，ボランティアあつかいしたりはしない。むしろ多くの場合，ごく自然に対等な大人としての振る舞いをもとめてくる。おそらくそういう人たちは，自分自身も昔はちょっと生意気な若者としていい大人たちと出会ってきたからだと思う。

たとえ能力的には差があっても，相手との対等性は重要で，そのことがよくわかっている達人たちは，野研の学生たちを気に入ってくれる。そしてそれぞれの学生たちには，そんないい大人たちと出会う限られたチャンスをのがさ

ない嗅覚がもとめられる。

■ 4.1 ドキュメンタリー映画の上映

これも前に述べた人生の達人との出会いのうちにふくめてよいと思うのだが，自分の研究やフィールドを考えるための前段階として，多くのドキュメンタリー映画に接することも大切な経験のひとつである。現場に足を運び，人や事物に出会い，ときにはそこに住みながら，時間をかけてひとつの事実をあきらかにし，さまざまな社会問題にたちむかうという点で，フィールドワークとドキュメンタリー映画はよく似ている。

「チョムスキー9.11」は，2001年9月11日にアメリカ合衆国内でおきた同時多発テロをきっかけに作成されたジャン・ユンカーマンの映画である。言語学者のノーム・チョムスキーへのインタビューをもとに構成されたこの映画は，テロの背景とアメリカの政治姿勢を批判し，当時の一面的な報道に対してもうひとつの

視線を提示している。

北九州市立大学では教員13名，学生3名，市民3名で実行委員会を構成し，2003年4月に飯山ムービープロの飯山庄之輔の協力をあおぎ映写機をもちいた本格的なフィルム上映をおこなった。映画とあわせて稲月正，漆原朗子，田村慶子，竹川大介の4名の実行委員によるシンポジウムもおこない，本館A101を埋めつくす500人をこえる参加者を得た。

2010年には熊本学園大学の申明直がとりくんでいる「東アジア移住共生映画祭2010」の北九州上映を企画した。上映実行委員会は竹川大介が世話人となり，北九州市立大学からは2年の布施咲子をプロジェクトリーダーに学生11名，教員11名，共同主催の九州国際大学からは人見五郎，山本啓一が参加し，NPO法人多文化共生センター北九州および外国人研修生権利ネットワーク北九州のスタッフとともに組織された。

北九州上映では，平成22年度北九州市文化振興基金奨励事業および（財）北九州国際交流協会助成事業の助成や多くの後援をうけ，精力的に広報を進めた。

7月3日に九州国際大学，翌4日には北九州市立大学を会場にして，東アジアで制作された多文化共生に関する11本の映画作品が上映された。作品には無名の海外ドキュメンタリーも多かったが，どれも今日的な問題として社会に訴える力のある作品ばかりで，北九大での上映後にひらかれた田村慶子，稲月正，大平剛，竹川大介の4名によるシンポジウムでは映画を題材に活発な議論がおこなわれた。

上映実行委員会の中で一番若手をプロジェクトリーダーにおいたことは，結果的にほかの委員の動きを活発にした。最終的に2会場での観客数は目標の500名をこえ，2大学の連携による映画祭のとりくみは大きな話題となった。

1998年にスタートし毎年春に湯布院でひらかれている「ゆふいん文化・記録映画祭」は，近隣でおこなわれるもっとも大きなドキュメンタリー映画の上映会である。野研の学生たちも都合のつくかぎりこの映画祭に通ってきた。2004年には映画祭会場でスター☆ドームの実演もおこない，映画祭主催者も参加のためのさまざまな便宜をはかってくれた。学生たちは，こうした映画祭を通して，現場から多くの知識を吸収し，映画をつくる人や観る人たちとのつながりを広げていった。

これらの実績をもとに，2017年4月からは「北方シネマ」という名で，大学に映画館をつくるという新しい試みがスタートした。

北方シネマは，映画の配給や制作などの仕事をしてきた増永研一との出会いからはじまった。市内のどこかでドキュメンタリー映画を定期上映したいという企画をあたためていた増永は2014年に大學堂を訪ねてきた。そして2015年から北九州市環境ミュージアムで毎月1回の「東田シネマ」を開始した。

この東田シネマに2年間通い，選ばれている映画の質の高さにおどろき，同様の上映会をぜひ大学でもおこないたいと増永に申し出たところから，新しい状況が動きはじめた。

当初はいくつかの映画を自主上映するというかたちを考えていた。しかし話を進めるうちに，ドキュメンタリー映画の学内での定期上映は，地域にひらかれた公立大学としても，また学生たちの自主学習の教材としても，大学がおこなう意義がある事業だと確信し，野研だけではなくできるかぎり多くの教員や学生たちとともに，全学的なとりくみとして進めたいと考えるようになった。

そこでこれまでの自主上映で力になってくれた教員を中心に全学によびかけ，13名の教員と6名の学生によって北方シネマ運営委員会が

立ち上がった。

ただ映画を上映するだけではなく、大学という場を生かせば監督や制作者をまねき教員や学生との対談も実現できる。大学内に映画館をつくるというほかに例のない試みは、映画制作者側からも関心があつまっている。この北方シネマの運営のしくみが、北九州市立大学発のアイデアとしてさらに全国の大学に広がり、日本の映画シーンを変えていくことを夢想している。

■ 4.2 研究大会やシンポジウムの主催

さらに野研では多くの学会や研究会、シンポジウムの主催もおこなってきた。こうした機会には、必ず実働部隊として野研の学生たちが企画に携わり、それぞれが参加者や講演者との交流を深めている。ここでも学生たちは決して大会の下働きではなく、責任のある主催者の立場にたち、それぞれが自分の経験のために参加するという姿勢を徹底している。

2007年3月には福岡県八女郡星野村で第12回生態人類学会研究大会、翌々年の2009年3月には大分県別府市で第26回日本オセアニア学会研究大会を開催するホスト校となり、人類学ゼミに所属する野研メンバーを中心に研究大会の運営をおこなった。

2009年11月には到津の森公園（動物園）とともに「SAGA12 国際シンポジウム—ボクたち森人類 in 北九州」を共同主催した。SAGAとは、野生動物への支援を通じて豊かな森を考えるため、年に1度全国の大学と動物園の持ちまわりで開催される国際シンポジウムである。3回目の北九州大会は2日間にわたって北九州市立大学と到津の森公園がホストとなり、それぞれを会場に1日ずつ開催された。北九大側は野研の学生たちが中心となり、発表会場の設営や懇親会などをとり仕切った。

2011年5月には大學堂の2階を改装してつくった屋根裏博物館の落成にあわせて4週間8講演で北九州市立大学公開講座「空間の力—まち（建築）とひと（文化）のマリアージュ」を開催した。この講座では竹川大介、藤原惠洋、矢作昌生、重信幸彦、伊藤啓太郎、梶原宏之らの異なる研究領域の専門家の連続講座とともに、屋根裏博物館の改装にかかわった学生たち有松由衣、濱本拓磨、田川大地、木下靖子も参加し、街で人があつまる「場」が持つ文化的な意味に関するシンポジウムをおこなった。

2012年5月には、大學堂を拠点とし北九州地域の市場を対象に北九州市立大学・名古屋市立大学・東北大学・愛知県立大学・京都大学の教員と学生たちによる合同フィールドワークをおこなった。同年7月には、その時の調査成果をもとに竹川大介、赤嶺淳、李仁子、亀井伸孝、金谷美和、奥野明子がシンポジウム「アジアをあじわう」を開催した。

2016年1月には澁澤民族学振興基金、日本文化人類学会課題研究懇談会『応答の人類学』、九州人類学研究会の後援でフィールドワーク教育に関するシンポジウム「フィールドワーク教育ってなんだ？」が開催された。パネリストは長く野研の活動にかかわってきた4名、竹川大介、命婦恭子、木下靖子、井上大輔であり、ディスカッサントは多分野にわたる12名の専門家によって構成された。このシンポジウムはこれまでの野研のとりくみを教育の観点から読み解く初の試みであり、問題解決型学習やアクティブ・ラーニングを視野に入れた先進的な教育実践の集会となり、全国から教育関係者やフィールド研究者、北九大学生、市民をあわせて300名をこえる参加者があつまった。

2016年11月には、北九州市の後援で、北九州市立大学創立70周年記念事業シンポジウム・ミズベリング in 旦過市場「城下町小倉と旦

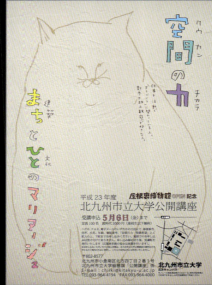

SAGA12のブース　　SAGA12の懇親会

特設展示場にはチンパンジーが描いた絵を飾った　　セル画風の看板をつくる

アジアをあじわうシンポジウム　　北九州をあじわう

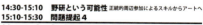

4名の発表者と12名のディスカッサント

全国から集まったシンポジウム参加者

過市場をめぐる水辺のまちづくりを考える—その歴史景観・観光資源・公共空間としての重要性」が開催された。この詳細については第4章の最後に述べることにする。

■ 4.3　野研を訪れるさまざまな「いい大人」たち

もともと野研にはフィールドで出会ったまれ人たちが立ちよる機会が多かったが，大學堂やスター☆ドームでの活動が広く知られるようになると，さらに視察や研修などで訪れる人が増えてきた。こうした一期一会は，野研の学生たちにとっていい大人をみつける絶好の機会となっている。

また例年「文学部特別講演」「自然学のまなざし」「人類学概論」「動物のみかた」など講義の機会を利用して，第一線でフィールドワークを実践している専門家をまねき，実際の現場での経験を語ってもらっている。学生たちが進めているフィールドワークのその先にあるものをみせてくれる先達との出会いは，新しい刺激をもたらしている。

すべてではないが，これまでの主な講演とタイトルを列挙しよう。

● 福岡で上海素麺工場という劇団を率いる支那海東による「ワイルドサイドを歩け」2006年6月15日

● 人類進化の研究者であり『定住革命』の著書を持つ西田正規による「人類史の誘い」2007年10月29日

● 旭山動物園の園長である小菅正夫と，到津の森公園の園長である岩野俊郎と竹川が鼎談「戦う動物園と戦わない？大学」2008年1月21日

● 今西錦司が提唱した自然学をさらに深めた黒田末壽による「自然学の未来」2008年6月19日

● 手話の話者を対象にフィールドワークをする

亀井伸孝による「アフリカで手話に出会う」2008年10月27日

● 自然観察に関する多数の著書がある盛口満による「世界一巨大なタネ…手のりゴキブリ…ゲッチョ先生の玉手箱」2011年7月26日

● 画家の川原田徹（雅号トーナス・カボチャラダムス）による人間社会と心の宇宙に関する講演「こころの環境論—私の内と外」2012年7月10日・17日

● 海人写真家の古谷千佳子がカメラマンになるまでの出来事と海の人々を語る「海に生きる人々」2013年1月28日

● ゴリラ研究の第一人者であり現在は京都大学の総長でもある山極寿一はこれまで北九州市立大学で2回の講演をおこなっている。「ゴリラのヤマギワさんが北九大に来る」2006年7月21日「人間家族の由来と未来」2013年7月9日

● 映像カメラマンでミクロネシアの伝統航海の記録を撮った宮澤京子による「海を渡る—ミクロネシア伝統的カヌー，リエン・ポロワット号の旅」2014年1月20日

● ドキュメンタリー映画監督で「祝の島」「ある精肉店のはなし」などの作品をつくった纐纈あやによる「暮らしと出会う—カメラを通して見えてくるいのちの営み」2014年7月29日

● フィールドワークをおこなう研究者が専門分野の壁をこえて参加し情報を共有するFieldnetをたちあげた椎野若菜による「アフリカで『シングル』の生き方を考える」2015年1月26日

● 原子物理学者の藤田祐幸には，癌で闘病しているなか無理をおして登壇いただいた。このときの貴重な講演の記録は，映像としてインターネット上で公開されている「原爆と原発の間に横たわる闇」2015年7月28日

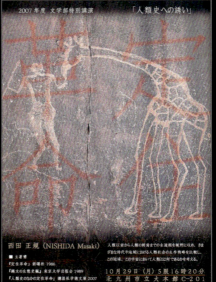

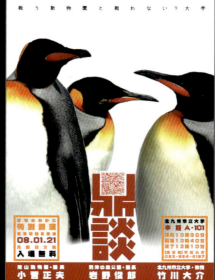

大学で学んだ後は野に出よう

人間の社会はどのように生まれたのか

北九州の海を撮る古谷千佳子

海を渡るミクロネシア伝統的カヌー

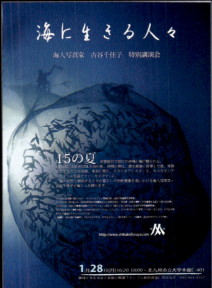

暮らしとは食である

雪浦の藤田亭で大切な事を学ぶ

海を越えてきた人々があつまった

耳なし芳一があらわれた

琵琶湖博物館を案内する篠原徹

- 大阪の「空堀ことば塾」でシュタイナー教育を実践し，語りを通して言葉を考える塙狼星による「ことばと教育〜大阪のシュタイナー寺子屋の実践」2015 年 10 月 19 日
- アジア文化社会研究センターシンポジウムでは漂海民の研究者である長津一史をまねき田村慶子，竹川大介の三者で講演をおこなった。「国を越える人々ー越境の文化論」2015

年 11 月 23 日
- 琵琶湖博物館の現館長である篠原徹はこれまで 2 回の講演をおこなっている。「アフリカでケチを考えた篠原徹が，中国で少数民族の市場に出会った。」2004 年 7 月 16 日「フィールドワークの絶望と愉悦」2016 年 1 月 24 日
- 講演のポスターが物議をかもした竹ノ下祐二による「交尾と性交」2016 年 7 月 26 日

5　野研の活動からそれぞれの研究へ

　章の最後になってしまったが，野研でのさまざまな活動を通じた学生たちの研究成果についてまとめておきたい。

　それぞれのメンバーにとってのフィールドや学術研究は，野研やゼミの活動と同様に重要なものである。それまでの活動から学んだことは，大学時代の学びの集大成として自分の研究の遂行のために生かされるのである。

　人類学のゼミでは，だれもが自分のフィールドから得られた一次データをもとに論文を書くことを基本としている。文献研究や理論研究もすべて一次データの分析や考察のためにおこなわれるという位置づけである。

　3 年次からはじまるカリキュラム上のゼミは野研会議とは別の時間におこなわれ，そこでは毎回各自の研究について議論される。調査計画をもとに予備調査や本調査，文献研究を進め，学部生も大学院生とともにじっくり 2 年間かけて卒論をしあげる。わたし自身の研究対象は太平洋の島嶼民であるが，学生たちのフィールドはそれにこだわる必要はなく，自分たちが行ってみたいところであればどこで調査してもよい。

　ほとんどの調査はそれぞれの学生の自費でまかなわれるが，野研の活動をもとに研究をおこなうケースもある。また海外での調査時には，

海外調査経験がある別のゼミ生をカウンターパートに留守本部が設置され，規定のマニュアルに沿った安全対策が周知されている。事前の調査計画が承認されるまで海外調査をおこなうことができない。こうした安全対策にはわたしの学生時代の探検部での経験が生かされている。

　調査を終え，ゼミを重ねながら半年以上かけて考察をまとめ，論文の方針が決まると中間発表をおこなう。ここでの議論を経て章立てが確定すると，いよいよ本格的な論文の執筆が進められる。そして最終的な論文提出の遅くとも 1 ヶ月前までに初稿をあげる。いうまでもなく修士論文や博士論文には，さらに十分な時間をかける必要がある。

　初稿があがると論文検討会が組織される。論文検討会は学生たちの相互批判による査読作業で，卒業生や新入生を交えて，ゼミと別の時間に数人で進められる。こうして論文の細部にわたり内容の検討を重ね，最低でも 4 回以上の査読と校正を経て，はじめて論文として提出となる。

　たとえ卒論であっても公開を原則とし，学会誌の投稿規定を基準に，出版できるクオリティで最終的な編集をおこなう。これらの論文はPDF 化され「人類学ゼミ論文集」として，1997 年度から継続的に電子公開（リポジトリ）

されている。

http://jinrui.apa-apa.net/soturon/

　こうした成果がほかの研究者によって引用されることで，学生たちの研究もフィールドへの還元と学問に対する貢献を果たすと考えている。

　人類学ゼミでは20年間ストイックにこのスタイルを踏襲してきた。正規のゼミ生以外の学部や学科の異なる学生も，野研のメンバーであればこうしたゼミや論文検討会に参加することができる。大学での学問は，義務ではなく権利であるという，自主ゼミの姿勢がここでも貫かれている。

■ 5.1　学生たちの研究成果

　第2章の締めくくりとして，これら野研の学生たちの研究成果を紹介しておきたいのだが，それぞれの研究について要旨を説明するだけでもかなりの量にのぼるため，ここでは海外をフィールドとした研究と，2009年にはじまった文学部学生表彰をうけるなど特筆すべき内容の研究タイトルのみにとどめておく。このリストを概観するだけでも，いかに多彩なテーマの研究がおこなわれてきたかが伝わるだろう。

- 青井美穂子「フィールドワークにおけるコミュニケーションについて―モンゴルでの事例」モンゴル，1999年
- 阿津坂陽子「カタログ化されたボランティア・国際ワークキャンプ―参加者の選択と旅とのアナロジー」ドイツ，1999年
- 重森誠仁「現実はいかにして可能か―インドネシア，レンボガン島の事例より」インドネシア，2000年
- 原田悠貴「こだわらない強み―ミクロネシア連邦モエン島の現状に対する島民の意識」ミクロネシア連邦，2000年
- 松永夕紀「葛藤する善意―タイ山岳少数民族支援施設の現場から」タイ，2002年

- 秋好裕子「公私の輪郭―北京・陶然亭公園における健康活動の事例から」中国，2002年
- 脇園賀子「壺中の聖水―インドにおける豊穣性と浄化性の自然観」「職業カースト・クムハールによる土器制作―北インド ジャイプルの事例から」インド，2003年
- 今田文「現金贈与の社会装置―キリバス共和国におけるビンゴゲームの役割」キリバス共和国，2003年
- 木野理恵「蛍光色への傾倒―ペルー・タキーレ島の織物文化の現在」ペルー，2004年
- 青柳亜紀子「身体を慣らす―バリ島における伝統舞踊体得の過程から」インドネシア，2004年
- 木下靖子【修士論文】「旅回りのテクネー―沖縄県伊良部島佐良浜，老漁師の語りから」日本，2005年
- 今田文【修士論文】「キリバス共和国における贈与―賭場に女性が通う島」キリバス共和国，2006年
- 大久保大助「教えと学びのシナジー―状況論的学習を利用したプロジェクトの実践」バヌアツ共和国，2007年
- 黒田陽子【修士論文】「フィールドワークによる日系人の生活戦略分析―人間関係と言語習得から見る支援の一つの可能性」日本，2008年
- 小松良子「受け継がれる鉄筆―メディアリテラシーとしてのガリ版の可能性」日本，2007年
- 岩野直子「交錯する主体―横向きNの前向きコミュニケーション」日本，2009年
- 井上広平「在来知の継承と更新はいかに実践されるのか―バヌアツ共和国フツナ島カヌー作りの事例より」バヌアツ共和国，2010年
- 田畑宏美「野食・日常・饗宴―バヌアツ共和国フツナ島に現存する多様な食文化の民族誌」バヌアツ共和国，2010年
- 山城若菜「ウチナンチュというまなざしへの

ゼミ生たちの海外調査地

バリ島でダンスを学ぶ青柳亜紀子

横向きでフィールドに出る岩野直子

最後のガリ版職人 岡部和慶

岡部和慶からガリ版を引き継ぐ小松良子

フィジーからの来客とともにイノシシを解体する

大学周辺の山でイノシシを狩る中村幸介

葛藤―キューバ県系人の調査からの考察」キューバ，2010年

●中村幸介【学生表彰】「イノシシが獲れる本」日本，2010年

●町田佳菜子【学生表彰】「アイルランド伝統音楽における共在性―会うことと得ること」アイルランド，2011年

●有松由衣【修士論文】「ソロモン社会における華人の現在―パートタイム移民の見えない軋轢」ソロモン諸島，2011年

●小出友視【修士論文】「世界のウチナーンチュ大会からみた沖縄的国際交流―ニューカレドニアの事例から」ニューカレドニア，2011年

●大津留香織【修士論文】「個人間紛争の当事者と調停者がつくる共同体はいかに文化的多元性を乗り越えたか―バヌアツ共和国のカストムをめぐる修復的司法の事例より」バヌアツ共和国，2011年

●室園優衣【学生表彰】「上勝町にはなぜ多様な阿波晩茶が残ったのか―商品化ではなく日常性の視点から文化の意義を再考する」日本，2012年

●木下靖子【博士論文】「食物分配における内発的動機を生み出す一致の感覚―バヌアツ共和国の事例から」バヌアツ共和国，2013年

●南香菜子【学生表彰】「鷹と共に生きる―動物との関係性の構築」日本，2013年

●仲村知佐子「なぜ人々は遊牧地を訪れるのか―南シベリア・トゥバ共和国の調査から」トゥバ共和国，2013年

●門馬一平【修士論文】「交易という『生き方』―パプアニューギニア・ルイジアード群島における交易ネットワークの分析から」パプアニューギニア，2014年

●星子萌「ORIJINARU or KARAOKE？―日本と台湾における路上音楽の目的意識の相違」台湾，2014年

●古藤あずさ【学生表彰】「マレーシア，サラワク州先住民クニャ族の陸稲播種作業における文化的象徴性―儀礼的遊戯・播種禁忌・性的象徴性にみられる豊穣祈願と社会紐帯」マレーシア，2015年

●田村嘉之【修士論文】「入植時期とカーストの異なる農民グループの生活戦略と社会変動への対応―インド西ベンガル州パンパラ南部集落の事例から」インド，2016年

■ 5.2　研究の副産物としての社会活動

さて，この章で足早に紹介したように，野研の活動は，人類学の学術研究と密接なかかわりがある。そして大學堂のとりくみもまた，なにもないところから突然生まれたのではなく，こうした野研の活動の延長線上にある。

つまり，野研がおこなっているのは社会活動のための社会活動ではなく，あくまでも研究の副産物としての社会活動であり，研究というバックボーンがあってはじめてこうした活動が生きてくるのである。この点で野研の活動は，日本に数多くある社会活動のための学生団体や，地域貢献のための大学カリキュラムとは，出発点も到達点も異なっていることをくりかえし強調しておきたい。

次章では，ここまで紹介した野研のとりくみに興味がある人にむけて，実際のフィールドワークがどのような考えかたで進められ，教育システムとしてどんなしかけが施されているのか，フィールドワーク教育を動かすための肝要の秘訣について伝授することにしよう。

第**3**章
フィールドワーク教育の技法

　フィールドワークに明文化できるようなノウハウなどない。少なくともわたしはそう教えられてきた。

　いまどきの書店に行くとあらゆる種類のマニュアルが並んでいる。フィールドワークに関しても，有用な文具，ノートの記載法，写真の撮りかた，調査のあいさつやお礼など，マニュアル化できるような知識がないわけではないし，そうした知識もそれなりに役に立つだろう。

　こと人類学のフィールドワークは，なにしろ人間相手の仕事なので，基本的には人間としてあたりまえの対人関係がつくれることが，まず大前提である。しかし，それだけでは足りない。そのうえで常識を疑う覚悟も必要である。異文化というのは，いわば常識が非常識になる世界なのである。そしてその驚きがフィールドワークの醍醐味でもある。

　大学の講義の1年生を対象とした基礎演習や，2年生を対象とした社会調査実習では，「人から話をきいてみる」という課題を学生たちにあたえる。ここでは，テレビやこれまでの社会科学習などによってそれまで自分がイメージしてきたインタビューが，いかに皮相的でお約束による応答であるかを知ってもらう。

　最初のインタビューでおおかたの学生は，通り一遍のことしかきくことができず，問題を深める前に終わってしまう。時には最初から自分

が予想していた答えに相手を誘導してしまったりする。人間は適当に話をあわせるし，無意識に嘘もいう。相手の本音をきくことがどれほど難しいか，何度もダメ出しと挫折をくりかえしながら受講生たちは，インタビューの経験を積んでいく。

　むしろ経験と挫折こそがこの実習の目的であるといってもよい。人から話をきくという行為は簡単そうで簡単ではない。しかしどうすればいいかを教員が教えることはできない。自分の体験を通して相手との距離をつかみ，考えながら会話を進める姿勢を身につけていくしかない。

　ケースバイケース，アドリブ，状況論的学習，臨機応変，その場の状況をみながら自分で判断して全体を理解していく。こうした学びは，赤ちゃんがはじめて言葉を覚えるようなものなので，一律の方法論はない。しかし，効率よく学ぶために適切な機会や環境は用意できる。それがこの本でデザインとよんでいるものである。

　さらにいえば，個人のスキルの修得にはそれなりのノウハウがあるかもしれないが，それがあつまって生まれるアートには結局のところノウハウはない。おもしろいか，おもしろくないか，フィールドワーク教育の成否は，そのセンスをどこまで磨けるかにかかっている。大学時代にわたしが育ったゼミでは，よくこんな言葉が交わされていた。

「だれでもできるちゅうのんはおもろないな　だれもしてへんちゅうんがおもろいんやで」

野研で活動している学生は，毎年入れかわりをくりかえしながらも，数にすれば常時20人をこえることはない。しかし第2章でみたとおり，実に多様な活動に挑んでいる。この効率性が高く，創造性豊かな活動を実現する舞台装置には，いったいどんな秘密があるのだろうか。秘密といってしまうと大げさかもしれない。少なくとも，たまたま優秀な学生ばかりがあつまっているのではなく，誰でもそこに参加できる一貫した設計思想のもとでこのシステムはつくられている。第3章ではそれを示していこう。

1 研究の料理のメタファー

まずはじめに人類学におけるフィールド研究のプロセスを，料理のメタファーで説明しよう。これはいつも最初のゼミでおこなうレクチャーでもある。

研究で使われる事例の多くはフィールドから自分で手に入れた一次データである。つまり野にある食材を，狩猟や採集によって手に入れるところからわたしたちの料理ははじまる。学問領域によっては，文献や資料など，あらかじめ用意された他人のデータをもとに考察を開始する研究もあるだろう。それはいわばスーパーの棚（図書館やデータベース）から食材を買ってくることに相当する。そうした二次データも素材となる。しかしいずれにせよ，出来合いの総菜をただ並べただけでは，それは料理ではないし，わたしたちは研究とはよばない。

次に，手に入れた素材から料理法を考える。料理法とはいわば分析のためのレシピである。さまざまな先行研究をあたり，食材にあったレシピをみつける。人類学は基本的にディシプリンや方法論にとらわれない学際的な学問である。学問領域をこえながら，もっとも適した方法を探しだし，分析を進める。とうぜん食材によって調理法は変わるだろう。どんな食材でもおなじ調理法しか教えられないようでは，研究指導者の力量が疑われる。

データと分析の関係のおおよそのイメージはこうである。よい食材（データ）が手にはいれば，どんな調理法（方法論）を使ってもそれなりにおいしくなる（よい論文が書ける）し，あまりよくない食材であっても調理法を工夫することでおいしくなる。つまり研究の勝負所は複数あるということだ。

さて，ようやく食材が調理され食べられるものになった。おいしいかどうかはまだわからない。それをほかの人に食べてもらう試食会が，ゼミや論文検討会である。こうして最終的な作品としてお客さんに出せるようになるまで，なんどもなんども試食をくりかえし，味と見栄えをととのえていく。

なにを食べたいか，どんな料理をつくりたいかを，あらかじめ考えておくことは無駄にならないが，手に入れた食材を中心に考え，それを大切にあつかうという姿勢がここでは肝心である。食材があってこその料理なのである。

スーパーの棚と違い，海や森ではどんな食材に出会えるかわからない。フィールド研究の世界では，予断にとらわれない臨機応変で柔軟な意識がつねに問われている。

海に潜り魚を突く

くもで網で魚を捕まえた

春の干潟に貝掘りに

2 正統的周辺参加とはなにか

フィールドでの経験は，研究の枠にとどまらない。やや気負ったいいかたをすれば，それは「もうひとつの人生を生きる」ということである。フィールドとの関わりは一生続く。少なくとも新しいフィールドに向かうときには，そうした覚悟をしておいたほうがよい。それは重い決断かもしれないし，別のみかたをすれば，ひとりでふたつの人生を生きられる貴重なチャンスかもしれない。

参与観察とよばれる研究実践は，観察ではなく参与に重きがおかれている。つまりそれは「そこに生きる」「そこで生活する」ということである。そこに住むことさえ許されれば，研究の8割はすでに完了しているといっても過言ではない。

自分の場所をみつけること，生活すること，それは自分だけの問題ではなく，相手側の問題でもある。つまりフィールドに住むだれかに，「あなたはここにいてもいいよ」と承認されることなのである。

どんなフィールドでもそこに人がいるかぎり，その場所の日常生活がある。食べるため，生きるための生業である。そうしたあたりまえのくらしの近くならば，きっと自分の居場所も自然にみつかる。畑仕事，魚捕り，子どもの世話，家事，大工仕事。自分がここにいることで，相手が喜んでくれるのであれば，なおさら居場所はつくりやすい。歌を歌う，絵を描く，魅力的な物語を語るというのも仲良くなる秘訣だ。

芸術の世界にアーティスト・イン・レジデンスという言葉がある。これも単に芸術家が違う土地を訪問し新しい発想を得たり，創作環境を変えて作品をつくるというだけではなく，そこに住む人たちを喜ばせるという意味あいがあるように思う。

おなじように人類学者のフィールドワークも，研究者が調査をするというだけではなく，相手を喜ばせることを意識したほうがよい。おもしろい人が来ればだれでも受け入れてくれるだろう。フィールドワークもまた贈与交換なのである。

さて人間関係には，3日，3ヶ月，3年の節目があるという話が人生の経験則として語られることがある。フィールドでもおなじだ。フィールドワークの体験を持っていない人は，ここでちょっと転校や転勤の時のことを想像してほしい。まあ恋の告白や結婚でもよいのだけれど…。

はじめて新しい場所に身をおいた最初の3日間は，独特の緊張感の中であっというまに過ぎていく。しかしこの3日間は，その後の自分の立ち位置や相手との関係性が決まってしまう重要な時期でもある。周りの人もみな興味を持って接してくれ，一気に知人が増えていく。

それに続く3ヶ月間は，いわばお客さんの状態であり，いろいろな失敗も許されるし，楽しいことや驚くことも多い。だんだんと相手のこともわかってくる。3ヶ月をすぎるころにはフィールドでの基本的な作法や簡単な言葉も覚え，常識や雰囲気もおよそつかめてくる。家族の一員としてあつかわれ，できることも増えてくる。こんな幸せな蜜月状態は，そのあと3年間くらいゆるやかに続く。

そして3年後に大きな変化が生まれる。このころからさまざまな人間関係の渦に巻き込まれはじめ，自分の立ち位置も確定し，共同体の一員として一定の役割が期待されるようになる。すべてよいことばかりではない，むしろどろどろとした共同体内の葛藤を目の当たりにし，幸せな蜜月時代はここでいったん終焉を迎える。この先どういうかかわりを持って生きていくのか，

それが問われるのがこの3年目の節目である。

　学部生のフィールドワークはたいていこの蜜月時代で終了するが，大学院生になると3年目の節目に会うかもしれない。

　参与観察や状況論的学習が説明されるときに，あわせて言及される正統的周辺参加という言葉には，この3年後の状況まで含まれているように思う。「周辺参加」でありながら，なおかつそれが「正統的」であるためには，こうしたネガティブな関係性まで踏み込む覚悟も必要なのだ。

3　シナリオとアドリブ

　この章のはじめにフィールドワークに明文化できるようなノウハウなどないと書いた。さまざまな意味でテキストやマニュアルと対極をなすのがフィールドの現場である。そこでは知識の伝達においても，わたしたちが慣れている「教育」とは異なるやりかたが頻繁にもちいられている。

　たとえば徒弟制度のような職人の世界では，学びは模倣からはじまる。わたしの最初のフィールドであった沖縄の石垣島のアギヤー漁でも，漁師たちはほとんどなにも教えてくれなかった。わたしはほかの人のやりかたを観察して，みようみまねで作業の手順を覚えるしかなかった。たとえどんなやりかたでも，できるのであればかまわない。危険なときや，もたもたしているときだけ，こっぴどくしかられる。

　雑誌の編集会議でも，いわゆるダメ出しはとても重要だった。どんなアイデアを出してもかまわない。まずはできるかぎりたくさんのアイデアを出して，それをひとつずつつぶしていく。本当におもしろい企画は，最後に残ったものから生まれる。

　ここでいうダメ出しとは，指導のように一方的なものではなく，決定的な否定でもない。あくまでも修正をうながすための違和感の表明であり，ある程度アドリブ的な幅を持った再考への足がかりである。ダメ出しはいわば相互的な批判によって最適な答えを導き出そうという建設的なプロセスであり，あらかじめ別の答えが示されているとは限らない。

　そして，そんな相互批判を可能にするためには，参加メンバーどうしの対等性が確保されていなければならない。船上の作業や雑誌の編集だけでなく，探検部でのプラン検討会や，研究に関して意見を交わした大学時代のゼミの中にも，おなじような風景はあった。

　相互批判によるダメ出しは，壊すプロセスではなく，つくるプロセスなのである。だから，ダメ出しをしてくれた相手に感謝することはあれ，くじけてはいけない。いたずらに正解を求めようとしてもいけない。逆ギレなどもってのほか。こうした気持ちの切りかえも，学ぶものとしては大切な資質だと思う。

　しかし中学や高校を通して，正解とされるもの以外の意見をいわないトレーニングを徹底的にうけてきた現代日本の学生たちにとっては，はじめのうちは人前で発言することすら，なかなか難しい。他人からなにかをいわれるとすぐに折れる，おちこむ，ふてくされる，なきだす，おこる，やめてしまう。

　「そういうのって求められているものと全然違うのだけどな」と静かに思う。かりにそれが保身のためだとしても完全に失敗している。わたしはそれを「学校の呪い」とよぶ。「学校の呪い」を解くためには，少しずつ行動モデルを変えていくしかない。

　少人数の講義の中でゆっくりリハビリを進め，

手嶋準一のガイドで
わさびを求めて谷を登る

わさびをみつけた

滝をすべってあそぶ

森でヒラタケをみつけた

大学で料理をしよう

仁淀川にカヌーをこぎに行く

批判とは勝ち負けではなく，ともになにかをつくりあげていく「贈与」のひとつだと理解していけば，序々に意見を交わすことができるようになる。なるほど！びっくり！そうなんだ！ありがとう！やってみる！自己の成長にとっても，おもしろいものをつくりあげていくプロセスにおいても，仲間との楽しい人間関係にとっても，こちらの行動モデルのほうがよほど実りが多い。

議論のイレギュラーを楽しむ余裕や，とりあえず自分の主張を保留して，相手の視点から意見を考えられるようになるまでには，さらにもう少し時間をかけていく必要がある。シミュレーションや思考実験，ごっこ遊びやロールプレイは，研究の客観性や思考の相対性を身につけるための大切な学びのプロセスである。

実際の社会やフィールドの現場では，大学以上に厳しい言葉に出会うだろう。経験が少ない学生にとって，常識が理解できないことや，なにかに失敗することはよくあることだ。そんなときに「だれかにやらされただけで，自分のせいではない」という逃げ道をあらかじめ用意している学生をときおりみかける。

なかなか自分から動こうとしない学生は，およそそういう逃げ道に頼りながら，それまで生きてきたタイプだ。しかしそれでは成長はおぼつかない。挫折に直面したときの「くやしい，どうしてわたしはできない？」という気持ちから，新しい学びにつながる力が生まれる。

なので，こうした「学び」といわゆる「教育」とのもっとも大きな違いは，本人が自分からやるまで「ひたすら待つ」という教育者の姿勢なのかもしれない。教えるというしくみにすっかりなじんでしまった教育者は，相手が動き出すのを待てず，ついつい先に教えてしまう。これは教える側が成長を妨げている例だ。

失敗したときに「やらされたのだからしかたない」という逃げ道をあたえないためにも，こちらから教えてはいけない。自分からなにか行動をおこすまで根気強く待ち続ける。むろん魅力を示したり，誘いかけをしたり，よいモデルに会えるような環境は十分に用意する。それでも学生が自分から動かないのならば，かりにそこでなにかの知識をあたえたところで，それは教育者の自己満足でしかない。

一般的な教育とは，いわばあらかじめシナリオが用意されている世界である。シナリオが準備周到につくられ，その完成度が高ければ高いほど教えられる側の努力は少なくなる。決まった知識をあたえるだけならば，それでも十分かもしれない。教師も楽である。しかし，変化に富む現実社会でのあらゆる可能性を想定するときに，このやりかたはきわめて効率が悪く柔軟性にも欠ける。なによりも，新しい発見や創造性とは，既存のシナリオを壊していく先に生まれるものである。

シナリオに対してアドリブが効力を発揮するのはそんなときである。だから模倣も，ただやみくもに真似するだけではなく，できるだけ優れたモデルとの出会いを意識しなくてはならない。身近にそうした先達をみつけること，あるいは他人の才能を的確に見抜く力もまた，実践を通して育てていかなければならないのだ。

4　まわりを巻き込み，ひとりでも踊れ

ひとりで踊ろうとしてはいけない，しかし，みんなで踊る必要もない。踊りたい人だけで踊ればよい，ただし，だれも踊らないときはひとりでも踊れ。

第3章　フィールドワーク教育の技法

相互交渉のインタラクティブ・ラーニングの現場では，単に相手とやりとりをするだけではなく，いかに巻き込んでいくかを意識する。これが最小の人数から最大の創造を生み出すためのコツだ。

まず「ひとりで踊ろうとしてはいけない」。まわりを巻き込むのはそれなりに手間やエネルギーがかかることだ。面倒なのでついつい自分ひとりでやってしまいたいと思う。しかし，それではわざわざ手間をかけて野研のような場をつくりネットワークを持つ意味がない。

すごい人をみつけだしたり，才能のある人の力を借りたりすること自体も，またひとつの才能である。なにからなにまで自分でできる万能人をめざさなくてもよい。だれかほかの人の役に立つ才能がひとつだけあればよい。

野研に入った瞬間に，新人は多くの才能を手に入れる。野研のメンバー全員が，その新人にとっての能力となるからだ。それがネットワークをつくる価値である。第1章で触れたミニコミの編集部では，新人たちに編集長を任せていた。能力が高いスタッフが周りにいれば，新人は全体をみられる責任のある立場で動くほうがきっと楽しい。

新人のリーダーを軸に少人数のプロジェクトチームをたちあげる。新人は手に入れたばかりの多くの才能を好きなように使い，今まで自分ひとりではできなかったことを実現するのである。

次に「みんなで踊る必要はない」。さらに大事なことは，全員参加するために組織があるのではないということだ。みんながするということは，結局はだれも責任を持たないということだ。それぞれの才能を生かした適所を考え，積極的にやりたい人だけを誘う。それが，逆にそれぞれの参加メンバーを大切にするという意識につながる。

そしてここには「時間を通貨にした互酬性」というもうひとつの重要なポイントがある。才能にせよ経済力にせよ社会経験にせよ，それぞれが持っている能力や資質は異なる。しかしすべての人に共通してあたえられているのが時間である。だからここでいう互酬性や対等性の基盤となる共通の通貨に，時間を採用するのである。

なにをしてくれたかではなく，どのくらいの時間をさいてくれたかが重要なのである。わたしのために時間を使ってくれた人のために，わたしの時間を使う，そうした時間の交換は，さまざまな社会で普遍性を持つ，もっともシンプルな原理のひとつである。

最後に，「だれも踊らないときはひとりでも踊れ」。これまでの説明と矛盾するようにもみえるが，いったんやりたいと決めたことは，結果的にひとりになってしまっても，やり通す，だれもついて来なくても自分はする，つまりいいだしっぺが最後まで責任を持つということだ。他人の力を借りるということは，他人に甘えるという意味ではない。リーダーにとって大切なのは，あくまでも主役は自分であるという気概なのである。

5　対等性とネットワーク型組織

「野研はサークルなのですか？」とよくたずねられる。「研究のためのあつまり，自主ゼミです」というと，すこしわかった顔をされる。さらに「野研はネットワーク型の組織です」という説明をつけくわえる。すると再び不思議そうな顔に変わる。「組織ですか？　それともネット

067

ワークですか？」。この鵺のようなネットワーク型組織を，簡単な説明で理解してもらうのはとても難しい。

多くの人がイメージする組織やあつまりは，おおむねヒエラルキー型の構造を持っている。典型的な官僚組織では，ピラミッドのように下から上へと入れ子状に構造化され，いくつかの下位セクターがまとめられ上位セクターにつながっている。組織全体もセクターの境界もはっきりしており，情報の伝達も責任の所在もこの構造によって決められている。

一方，野研で意識されているネットワーク型の組織は，それとは異なる特徴を持っている。

ひとつめは，組織の輪郭である。野研はそもそもメンバーシップが明確ではない。一般的なサークルやゼミとは異なり，いつ入会したかすらはっきりしない。たしかにカリキュラム上のゼミ生に限っていえば大学の受講者名簿に登録されている。あるいは連絡のためのメールアドレスや電話番号も互いに共有している。しかしだからといって，それだけで自分が野研のメンバーであると考えるのはまだ難しい。そうしたリストの中には在学生もいれば卒業生もいる。さまざまな活動で知りあった人々も含まれている。

つまり「自分が野研である」ということを明示するようなしくみは特になく，それどころか，むしろ参加している人の多くがメンバーシップをあまり気にしてはいないというのが正確なところなのである。野研というネットワーク型組織の輪郭は，必要に応じて離合集散をくりかえす。そんなふうに，さまざまなかたちで企画に参加できるように，メンバーシップをあえて曖昧にしているともいえる。

しいていえば，野研のメンバーで「ある」ことやメンバーの中に「いる」ことではなく，野研でなにかを「する」ことが，個人の関係性の中で重要視されているということになる。これ

は一見するとゆるやかな規範のようにも思えるが，裏返せば名義だけでなにもしない人は実質メンバーとはみなされないという意味であり，かえって規範として厳しいのかもしれない。

ふたつめは，お互いに顔をつきあわせて物事を進めていくという対面的関係である。すでに第2章で述べたように，野研の義務は「報告を上げること」と「会議に出ること」のふたつしかなく，残りはすべて権利である。

ここでいう「会議」とは，毎週水曜日にひらかれている定例の「野研会議」をさす。通常の情報交換はほとんどがウェブサイト上の掲示板とメールでおこなわれるが，それだけではなく週に1度顔をあわせて，全員で状況を共有している。

こうした会議においても，メンバーどうしの対等性は重要な鍵である。探検部での危機管理への考えかたと同様に，メンバー間に上下関係をつくらないことによって，全員が会議で発言し，できるだけ多様な意見をあつめ，議論しやすい雰囲気をつくっている。ここでは教える側，教えられる側の区別もなく，先にあげたふたつ以外にノルマや義務もない。自分が野研で手に入れた，たくさんの権利を生かして，互いに学びあう姿勢が活動の基本となっている。

なので野研では，お互いにニックネームでよびあう。外からみると不思議がられることも多いし，最初のうちは慣れないメンバーもいる。これも単にアットホームな雰囲気をつくるためのしくみではない。むろん敬意を払っていないというわけでもない。むしろ逆である。

敏感な人であれば，自分が人によって言葉を使い分けていると意識することで，相手を対等にみていないということに否が応でも気づくだろう。年上だろうが年下だろうが相手に同様の敬意を払い，きちんと自分の意見を述べることが，対等性の要となっている。

そしてメンバーシップの輪郭が曖昧であると

いうことは，野研で活動している限り引退もないということだ。つまり先輩後輩もいなければ，特権的な地位をあたえられたOB・OGもいないということになる。すでに野研を離れたメンバーたちもこの作法をしっかりわきまえているので，いつ訪ねてきても以前からの知りあいのように新しいメンバーと話をすることができる。

6 場をつくる

さて，実際の企画が生まれるのは週に1度の会議だけではない。新しいアイデアは日々の雑談から生まれることのほうが多い。

そこで必要となるのが「場」である。天幕大学からはじまった野研の活動は，まさに場をつくるところからスタートした。

ところで物理学の用語では，空間と場を区別しており，空間になにかの力が作用しているときにそこを場とよぶ。たとえば電場や磁場や重力場がそれにあたる。ここでもおなじように考えてみる。大学の演習室であれ，大學堂であれ，あるいはスター☆ドームの中であれ，中になにもない状態はただの空間である。まずはそうした空間を確保し，そこに人があつまるための意味を持たせることで，空間をひとつの場に変えていくのである。そんな場の中でメンバーたちは日常的に雑談し食事をする。場にはアイデアを生むための特別な力が作用しているのである。

もうひとつの野研の先進的な試みとしてインターネットの活用がある。1999年当時のウェブサイト，いわゆるホームページは，静的な情報発信を中心としたweb1.0世代の段階であり，HTMLを理解しサーバー管理ができるユーザーだけが活用できる情報アーカイブという性格が強かった。

そうした時代から，いちはやく野研のウェブサイトは，トップページにCGI（コモン・ゲートウェイ・インタフェース）を使った電子掲示板をおき，たんなる情報の集積だけではなく，ネット上で連絡をとり議論できるような動的なしくみをとりいれていた。サイトに投稿された情報は，メーリングリストを経由してすぐにメンバーに通知された。当時はまだ生まれていなかったブログやSNS（ソーシャル・ネットワーキング・サービス）などの機能を先取りしたweb2.0のアイデアを前世紀のうちに実装していたのである。

しかし，こうしたしくみは，あくまでもメンバーどうしが情報を共有するための手段にすぎない。その後のSNSが，インターネットという仮想空間の中での非対面的なつながりを肥大化させていったのに対し，わたしたちはあくまでも対面的なつながりにこだわりながら，今にいたっている。

対面性が重要な理由は，野研が求めているものがバーチャルな世界からの「情報」ではなく，アクチュアルな世界での「体験」だからである。いくら先進的な試みでも，ネットでのやりとりはそれ自体が目的にはならず，実際の活動のための手段に過ぎない。

意外に思われるかもしれないが，そのネットのモデルはフィールドで知った小さなコミュニティでの自給的な生活の姿にある。日々のおしゃべりからアイデアが生まれ，思い立ったらすぐに仲間をあつめる。これは小さな村では実際に顔がみえ，声が届く範囲に人々が住んでいるからそれができる。そんな人間関係を日本で実現するためのツールが，インターネットだったのである。

070

スター★ドーム	野研◇活動
大學堂@旦過	野研パンフ
ネット人類学	野研ビデオ
放課後みつばち倶楽部	活動報告アーカイブ
フィールドワーク宣言	野研ネットワーク
メンバー登録 members only	メンバー紹介 members only
留守本部の心得 members only	野研◇計画 members only

「野研ネット」メーリングリスト
[　　　　] 参加 退会

野研 ◇ 計画

▼note▼
00492857

[最新] [本文] [検索] [野研]

[New]

スタードーム検索への道2017 - きうい 2017/05/18(Thu) 18:48 No.26441
├ Re: スタードーム検索への道2017 - 鉄竜 2017/05/18(Thu) 22:03 No.26445
├ Re: スタードーム検索への道2017 - カルピス 2017/05/19(Fri) 18:02 No.26449
├ Re: スタードーム検索への道2017 - きうい 2017/05/23(Tue) 00:07 No.26470
├ Re: スタードーム検索への道2017 - てらす 2017/05/23(Tue) 02:32 No.26471
├ Re: スタードーム検索への道2017 - きうい 2017/05/26(Fri) 06:59 No.26514
├ Re: スタードーム検索への道2017 - きうい 2017/05/28(Sun) 21:45 No.26538
├ Re: スタードーム検索への道2017 - きぞく 2017/05/28(Sun) 22:38 No.26539
├ Re: スタードーム検索への道2017 - おゆみ 2017/05/28(Sun) 22:50 No.26540
├ Re: スタードーム検索への道2017 - カルピス 2017/05/28(Sun) 23:14 No.26541
├ Re: スタードーム検索への道2017 - J君 2017/06/01(Thu) 13:06 No.26573
├ Re: スタードーム検索への道2017 - だいすけ 2017/06/02(Fri) 06:06 No.26579
└ Re: スタードーム検索への道2017 - カルピス 2017/06/02(Fri) 08:05 No.26583

書き直した原稿 - 大介 2017/05/23(Tue) 09:51 No.26472
├ Re: 書き直した原稿 - 大介 2017/05/23(Tue) 10:04 No.26473
├ Re: 書き直した原稿 - じょう 2017/05/23(Tue) 10:23 No.26474
├ Re: 書き直した原稿 - だいすけ 2017/05/23(Tue) 22:11 No.26481
├ Re: 書き直した原稿 - だいすけ 2017/05/29(Mon) 07:21 No.26542
├ Re: 書き直した原稿 - きうい 2017/05/31(Wed) 16:29 No.26552
├ Re: 書き直した原稿 - teras 2017/05/31(Wed) 21:34 No.26562
├ Re: 書き直した原稿 - きぞく 2017/05/31(Wed) 22:33 No.26563
├ Re: 書き直した原稿 - あるばす 2017/05/31(Wed) 23:31 No.26566
├ Re: 書き直した原稿 - 大介 2017/06/01(Thu) 06:44 No.26568
├ Re: 書き直した原稿 - だいすけ 2017/06/01(Thu) 21:26 No.26578
└ Re: 書き直した原稿 - だいすけ 2017/06/02(Fri) 08:02 No.26582

地図のデザイン - だいすけ 2017/06/02(Fri) 06:45 No.26581

「人生フルーツ」の予論 - だいすけ 2017/06/02(Fri) 06:18 No.26580

海レク2017 - いぼう 2017/05/26(Fri) 20:43 No.26523
├ Re: 海レク2017 - あゆみ 2017/05/30(Tue) 23:57 No.26557
├ Re: 海レク2017 - つるこ 2017/05/31(Wed) 14:21 No.26560
├ Re: 海レク2017 - こらす 2017/05/31(Wed) 14:23 No.26561
├ Re: 海レク2017 - いぼう 2017/05/31(Wed) 23:42 No.26567
├ Re: 海レク2017 - カルピス 2017/06/01(Thu) 07:48 No.26569
├ Re: 海レク2017 - みく 2017/06/01(Thu) 10:27 No.26571
├ Re: 海レク2017 - おゆみ 2017/06/01(Thu) 12:30 No.26572
└ Re: 海レク2017 - きぞく 2017/06/01(Thu) 18:35 No.26577

無題 - みく 2017/06/01(Thu) 14:42 No.26576

無題 - あーなんだです 2017/06/01(Thu) 14:42 No.26575

六月の大學堂 - つるこ 2017/06/01(Thu) 14:23 No.26574

とめさん、改めて・・・ - じょう 2017/06/01(Thu) 09:32 No.26570

荘保さんがくる - きぞく 2017/05/31(Wed) 22:58 No.26565

きょうのやけんとぜみ - いかてつ 2017/05/31(Wed) 10:57 No.26558
├ Re: きょうのやけんとぜみ - つるこ 2017/05/31(Wed) 14:20 No.26559
└ Re: きょうのやけんとぜみ - きぞく 2017/05/31(Wed) 22:48 No.26564

5月の大學堂 - hanzo- 2017/05/02(Tue) 11:59 No.26182
├ Re: 5月の大學堂 - きぞく 2017/05/02(Tue) 14:31 No.26183
├ Re: 5月の大學堂 - きうい 2017/05/04(Thu) 12:20 No.26205
├ Re: 5月の大學堂 - だいすけ 2017/05/04(Thu) 12:54 No.26206
├ Re: 5月の大學堂 - だいすけ 2017/05/04(Thu) 12:57 No.26208
├ Re: 5月の大學堂 - きうい 2017/05/04(Thu) 13:11 No.26209
├ Re: 5月の大學堂 - だいすけ 2017/05/04(Thu) 15:18 No.26211
├ Re: 5月の大學堂 - いぼう 2017/05/07(Sun) 18:16 No.26247
├ Re: 5月の大學堂 - つるこ 2017/05/07(Sun) 18:34 No.26249
├ Re: 5月の大學堂 - きぞく 2017/05/07(Sun) 20:20 No.26251
├ Re: 5月の大學堂 - つるこ 2017/05/08(Mon) 11:00 No.26254
├ Re: 5月の大學堂 - J君 2017/05/09(Tue) 17:20 No.26269
├ Re: 5月の大學堂 - だいすけ 2017/05/09(Tue) 17:36 No.26270
├ Re: 5月の大學堂 - モコ 2017/05/09(Tue) 17:48 No.26272
├ Re: 5月の大學堂 - だいに 2017/05/09(Tue) 18:01 No.26273
├ Re: 5月の大學堂 - J君 2017/05/09(Tue) 19:50 No.26276
├ Re: 5月の大學堂 - J君 2017/05/09(Tue) 20:01 No.26277
├ Re: 5月の大學堂 - いかてつ 2017/05/11(Thu) 12:05 No.26289
├ 大學堂携帯 - もこ 2017/05/11(Thu) 23:11 No.26301
├ 大学堂携帯 - だいすけ 2017/05/12(Fri) 06:29 No.26302
├ Re: 5月の大學堂 - もこ 2017/05/13(Sat) 14:02 No.26312
├ Re: 5月の大學堂 - もこ 2017/05/13(Sat) 22:10 No.26319
├ Re: 5月の大學堂 - だいすけ 2017/05/14(Sun) 08:50 No.26327
├ Re: 5月の大學堂 - おゆみ 2017/05/14(Sun) 11:03 No.26328
├ Re: 5月の大學堂 - モコ 2017/05/14(Sun) 19:09 No.26336
├ Re: 5月の大學堂 - だいすけ 2017/05/14(Sun) 19:42 No.26337
├ Re: 5月の大學堂 - きぞく 2017/05/14(Sun) 21:04 No.26341
├ Re: 5月の大學堂 - きうい 2017/05/15(Mon) 17:59 No.26371
├ Re: 5月の大學堂 - きうい 2017/05/15(Mon) 21:00 No.26375
├ Re: 5月の大學堂 - つるこ 2017/05/15(Mon) 21:01 No.26378
├ Re: 5月の大學堂 - J君 2017/05/15(Mon) 23:00 No.26378
├ Re: 5月の大學堂 - きぞく 2017/05/16(Tue) 00:28 No.26379
├ Re: 5月の大學堂 - J君 2017/05/16(Tue) 14:59 No.26385
├ Re: 5月の大學堂 - てらす 2017/05/16(Tue) 15:43 No.26386
├ Re: 5月の大學堂 - はんぞー 2017/05/16(Tue) 16:06 No.26387
├ Re: 5月の大學堂 - だいすけ 2017/05/16(Tue) 17:43 No.26388
├ Re: 5月の大學堂 - オバマ 2017/05/17(Wed) 21:22 No.26411
├ Re: 5月の大學堂 - J君 2017/05/18(Thu) 09:41 No.26427
├ Re: 5月の大學堂 - はんぞー 2017/05/18(Thu) 15:10 No.26438
├ Re: 5月の大學堂 - はんぞー 2017/05/18(Thu) 19:00 No.26442
├ Re: 5月の大學堂 - もこ 2017/05/19(Fri) 12:09 No.26448
├ Re: 5月の大學堂 - もこ 2017/05/20(Sat) 11:07 No.26454
├ えのきの忘れ物 - もこ 2017/05/23(Tue) 10:39 No.26480
├ Re: 5月の大學堂 - moko 2017/05/23(Tue) 22:49 No.26484
├ Re: 5月の大學堂 - おゆみ 2017/05/25(Thu) 11:27 No.26495
├ Re: 5月の大學堂 - おゆみ 2017/05/25(Thu) 11:46 No.26496
├ Re: 5月の大學堂 - もこ 2017/05/25(Thu) 11:48 No.26498
├ Re: 5月の大學堂 - はんぞー 2017/05/25(Thu) 13:16 No.26501

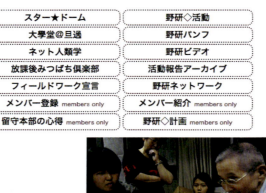

いずれにせよ組織の輪郭や枠組みよりも重要なのは，場の力である。場には自由に人があつまり，外と内がつながり，ネットワークの結節点が生まれる。ここにはヒエラルキー型組織では実現困難な柔軟な関係性がある。

ほかの組織とのつながりを考えるときも，野研では組織どうしの関係性よりも，それぞれの組織の所属するメンバーどうしの個人的な関係性を重視する。組織を代表する渉外係が決められているのではなく，個人と個人がふたつの組織をつなげるのである。

7 外発的動機づけと内発的動機づけ

勉強や仕事に限らず娯楽でも創作でも，わたしたちがなにかしようと思うきっかけになるものが動機である。動機づけには大きく分けて，外発的動機づけ（インセンティブ）と内発的動機づけ（モチベーション）のふたつがある。実際の教育の現場では，このふたつが巧みに組みあわされている。

たとえば学校で生徒にやる気をおこさせるために，教師はどんな方法をもちいるだろうか。得点や単位，評価や賞讃，表彰など，極端な場合お金による報酬や賞金まで，最近の現場では，これまでは禁忌とされていたさまざまなインセンティブが利用されるようになってきた。

興味深いことに教育制度を議論する人たちの多くは，どうやら外発的動機づけをより好むようだ。マニュアル化された教育においては，だれにでも操作的に使うことができる外発的動機づけのほうがあつかいやすいのかもしれない。

これら外発的動機づけにはひとつの特徴がある。それは本来の行為の目的と，そこに使われる動機づけのための指標が必ずしも一致しなくてもよいということである。教育でいえば，学ぶことそのものと，学ぶための動機が乖離していてもかまわない。大学進学のために，就職のために，だれかのために，なにかのために「勉強する」というのが外発的動機づけの特徴である。

それに対して，自分の中の学びたい意欲を高めていくのが内発的動機づけである。たとえば成長，欲望，満足，愉悦は学びのための有効な内発的動機づけとなる。できないことができるようになるときの達成感や，知らないことに対して興味を持つ好奇心などもここに含まれる。

内発的動機づけの特徴は，動機を生み出す意欲と，それを満たすための目的が近接しているという点にある。そして行為の結果そのものが，動機に対する直接の達成感や満足感を生み出してくれるのである。意欲と目的と行為と満足，そしてそれらがすべてうまく連動したときに，内発的な動機づけは，多大な創造力を発揮する。

しかし外発的な動機づけと異なり，内発的な動機づけは，その名の通り他者が外からあたえることが難しい。つまり，制度やノウハウを使って教えることができず，あくまでも本人が自分から動くのを待つしかない。

しかし，直接動機をあたえることができなくても，動機が生まれる環境を整えることは可能である。第1章で述べた「おもろい」を伝えることも，そのひとつである。まわりになにかにおもしろがっている人がいれば，それに刺激されて自分も動きたくなる。「おもしろがらせる」ことはひとつの能力であるし，実は「おもしろがる」ことも大切な能力なのである。

この章のはじめに述べたように，だれかから

「やれ」といわれるのを待っている学生に対し，自分からなにかをはじめるまで辛抱強く待ち続ける姿勢は，いいわけをあたえないという点だけではなく，モチベーションを熟成させるという点でも重要である。なにかをあたえ教えるのではなく，黙って仕事をしている背中をみせる，そんな環境があってはじめて内発的動機づけによる教育は成立する。

さて，内発的動機づけに関連し，ここでボランティアという言葉についてふれておきたい。はたしてボランティアは内発的動機による活動なのだろうか。たしかに語源的にはボランティアは自発性や自由意志の意味あいを持つ。しかし，とくに日本では単なる奉仕活動をさしていることが多い。

いわゆる滅私奉公や勤労奉仕と，自発的な活動とは，およそかけ離れた概念に思われるが，もともとボランティアという言葉が志願兵の意味で使われていたことを考えればおよその納得はいく。同様に，元来は新兵募集の意味であったリクルートという言葉にも，ある種のきな臭さがただよっている。こうした言葉の中で，「自発性」は換骨奪胎され，たくみに外からの強制にすりかえられている。

このごろの教育の中に導入されはじめているサービスラーニングでは，そうした傾向が露骨に強まっている。奉仕（サービス）と学習（ラーニング）を統合し，地域社会において社会貢献活動をおこなう。それを教育の評価の対象とするという。インターンシップとカタカナでよばれるようになった職場体験や就業研修も，おなじような傾向に連動している。

しかし，すでに述べたとおり，だれかのために，なにかのために，就職のために，単位のために，こうした「ために」は，実際には外発的な動機づけである。目的と行為が乖離（かいり）している「ために」は，自由意志を契機とした内発的動機づけによる自発とは似て非なるものである。

そして，これはいずれどこか別のところで詳しく分析したいと思うが，不思議なことに「ために」のボランティアは，なぜかしばしば「ゴミ拾い」という行為と結びついている。笑い話ではない。きっとボランティアには「ために」と抱きあわせで「みながやりたがらないこと」という暗黙の前提があり，ゴミ拾いはその典型として安易にイメージされてしまうのだろう。ここまでくると「自発性」という言葉も，なんだか皮肉で使われているようにしか思えない。これは「やらせている」ことといったいなにが違うのだろうか。

いずれにせよ内発的動機に基づく自発性の出発点は「やりたがらないこと」をするのではなく「やりたいことをする」ということなので，まずは学生たちが身につけた根強いボランティア意識を消していく，というところから考えなければならない。

むろん自発的な活動といえども，ただ自分だけが満足すればいいというものではなく，社会とかかわる以上どこかに相手が存在する。活動の結果がだれかに迷惑をかけるのは論外だとしても，独りよがりにならないように，どうしたら相手が喜ぶのかを考えておく必要がある。

だれかを幸せにしたり喜ばせたりすることは，たとえそれが直接の目的ではなくても，社会活動のためのひとつの要素である。たしかにボランティアのように「人がやりたがらないこと」をすれば喜んでもらえるかもしれない。しかし「自分がやりたいこと」をしてなおかつ人を喜ばせるためには，入念に練られたプロジェクトのデザインと責任が伴ってくる。

ボランティアではしばしば「してあげる」という上から目線が問題にされる。そこで最近になって使われはじめたのが「させていただく」という言葉遣いである。これは先に述べたサー

ビスラーニングやインターンシップの中でさかんに使われている。しかし、どちらもどこか居心地の悪さを感じる。どうして、上から目線でも下から目線でもない、相手との対等の関係がつくれないのだろうか。

内発的動機づけに基づく活動における他者とのかかわりの要点は、外からあたえられた既成の動機による活動以上に、相手のことを強く意識し、相手とおなじ視点に立つこと、そして活動の結果がもたらす責任を自分で引きうける覚悟を持つことにある。この対等性とは、学生という身分に甘えない、プロの意識を持つということにもつながる。

8　フリーライダー問題

インタラクティブ・ラーニングを別の視点から見れば「来るもの拒まず去るもの追わず」というスタンスとなる。個々のメンバーを結びつけているのは、ネットワーク的な互酬性であり、組織の会員規約や帰属意識ではない。

そして、そうしたあつまりが常に抱える問題として、ただ乗り者フリーライダーの存在がある。野研の活動のおもしろいところだけをつまみ食いし、得られた結果を自分の業績にし、途中の面倒なかかわりは極力避ける。野研の名前が知られてくると、そういう人はどうしても増えてくる。かりにそんなメンバーばかりになると野研が依拠する互酬性が維持できなくなる。

しかし実際には、なにをもってフリーライダーとよぶのかは難しい。よほど悪意を持った意図的なフリーライダーでもない限り、どんな人でも、いつかなにかの役に立つからだ。フリーライダーを排除するために余計なエネルギーをかけるよりも、フリーライダーであるよりもさらにメリットがある立ち位置を知ってもらうほうが実際には簡単である。

最初のうちはフリーライダーでもよい。就職に役に立つから、このゼミの研究は評価が高いから、自分がやりたいことはわからないけれど自分探しのため、なんかおもしろそうだから、野研に参加するきっかけはいろいろある。たとえそれが外発的な動機であっても、あるいは明確な目的がなくても、最初はそれでもかまわない。

しかし、そうした利益よりも、実際に活動に参加するプロセスにこそ価値があるのだと気づけば、活動に対する考えかたや姿勢は自然に変わってくる。逆に評価や結果をもとめるだけでは、野研にいる理由があまりないことに気づく。

野研は、メンバーであることが目的でなく、そこでなにかをすることに価値がある、そんなあつまりだ。だから、どんなプロジェクトでも参加は義務ではなく権利であり、それぞれのメンバーは自分のプロジェクトに誘いあうことで協力関係をつくっている。野研全体の活動とよばれているものも、実際にはそれぞれ個人プロジェクトの総体にすぎない。

組織運営のための役割としては、わずかながらに会計やネットサーバーの管理などがあるが、それもいわゆる役職ではない。興味深いことに、組織から特別な役割をあたえられないということが、かえって役職だけを求めるフリーライダーの居場所をなくしているように思える。

さて、活動を通して自分が得た利益を、どのようにほかのメンバーに返していくのか、むしろそれがなやみどころである。その方法は個々の参加メンバーにゆだねられている。しかし、これもまた教えられるものではなく、経験を積

みながら学ぶものである。

　自分のプロジェクトをたちあげ，ほかのメンバーのサポートをうけてはじめて，どのタイミングでどう動いてもらえると自分が助かるのかがすこしずつわかってくる。そうした経験の蓄積によって適切に自分がすべきことを学び，相手への還元の方法を知り，信頼を獲得し，いつの間にかフリーライダーから脱していくのである。

　長年，野研に所属し経験を積んだスキルの高い卒業生や上級生も，登場したばかりの新人も，そしてフリーライダーも相互の関係性においては対等である。教員であっても野研の中では，ひとりの参加者にすぎない。このシステムにおいては，名誉会員や名ばかりの顧問はフリーライダーとなんら変わらない。

9　お世話係プロデューサーとしての教員

　この本は教育に携わる多くの人が読むだろうと思うので，この章の最後にすこしだけ教員の役割について書いておこう。教員もひとりの参加者にすぎない，と書いた。しかし，しいていえば教員は，研究者としての経験を積み，教育者として大学に身をおき，社会との多様なつながりを持つという少しだけ特別な立ち位置にある。野研のような自主ゼミにおいて，その立ち位置を生かした役割がないわけではない。

　それはいわばプロデューサーとしての役割である。それぞれのメンバーは異なる能力を持っている。個人の才能を引き出し，それを生かし，デビューする舞台を用意する。その際，多様性や異質性を意識的に重視する。違う色の絵の具があるからさまざまな絵を描くことができる。創造の「妙」は多彩なものの組みあわせから生まれる。

　しかし，プロデューサーといってしまうのも実のところやや大袈裟で，これはもっぱらお世話係のささやかな楽しみにすぎないことを心しておいてほしい。強力なリーダーシップを持ついわゆるカリスマ・プロデューサーのようなものとは対極の存在である。それぞれの才能を丁寧に探しだして，それをちょっと並べかえてみ

るだけのことなのだ。

　たとえ少人数であっても個人の能力を最大限に引き出すことができれば，多人数ではできないことが可能になる。使える資源を大事に使い，機動力が命であり，予断にとらわれない，そして状況に応じて現場で判断する。まるで密林戦に挑むゲリラのような戦術である。

　そんな小さな組織におけるプロデューサーの心得を，別のかたちで端的に表現すれば，お金をかけない，人手をかけない，時間をかけない，この3点に集約される。無理に動かすのではなく，自然に動き出すしくみをデザインするのがその仕事である。

　野研やゼミを動かしている舞台装置は，内発的動機によってあつまった個人が，臨機応変にそれぞれの能力を組みあわせ，新しいものを創造していく，融通無碍なネットワークであるといえる。自立性の高いユニットを組みあわせることで，全体として予想もつかない創造性が発揮される。複雑系の研究の分野ではこうした現象を「創発」とよんでいる。実は，次章で述べる個々の小売店の店主と市場全体との関係も，これとおなじネットワーク構造を持っている。

第4章

大學堂・町中の市場に住む

　さて，ここからようやく大學堂の話となる。21世紀初頭の日本に奇跡的に残っている旦過市場と，そこで生まれた不可思議な社会現象である「大学堂ムーブメント」について，あれやこれや語りたいことは山のようにある。しかしその長い背景の記述に，思いのほか時間がかかってしまった。

　覚えているだろうか，第2章では，北九州地域の市場での調査とその成果について書いた。そこから大學堂が立ち上がるまでには，さらに6年の月日がかかった。

　すでに述べたようにフィールドとのかかわりは一生続く覚悟が必要である。わたしたちも，はじめから調査だけのために市場に入るという姿勢ではなかった。

　市場での研究成果をもとに，2005年から2006年にかけて大学の公開講座「北九州市場大学」が開講された。そして2006年2月の食市食座で1日だけの「大學堂」をおこない，同年5月には市場の「大北九州市場学会」が発足，7月には旦過市場イメージコンセプトと

キャラクター「昭和劇場旦過と，くろねこのたんが」をプレス発表，10月には市場を巻き込んだ音楽演劇イベント「大北九州イチバ劇場」を開催，翌年2月の食市食座では「昭和の仮装コンテスト」と，市場との新しいかかわりが生まれたことをきっかけに，わたしたちは立て続けに新しいイベントをしかけていった。

　そうしたかかわりが深まれば深まるほど北九州に残っているこの市場という空間を，よりおもしろく感じるようになった。なんとかして市場に住むことはできないだろうか，住むためにはなにをすればよいだろうか，そんな思いの背景には旦過市場にはどこか特別な雰囲気があるという，人類学者の直感めいたものがあった。

　最初の調査では，北九州市は全国で類をみない市場都市であり，そして市内には多様な市場文化があることがわかった。その後，歴史をさかのぼりながら，近隣の地名や立地を詳しく調べていくと，現在の北九州の街の成り立ちと，旦過市場との間には，さらに深いかかわりがあることが明らかになってきた。

1　なぜ旦過市場なのか

　小倉の台所である旦過市場の歴史はどこまでさかのぼれるのだろうか。神嶽川を背後に控え

たこの場所が海から魚を水揚げするための魚河岸だったことは，川にせり出したその独特な水

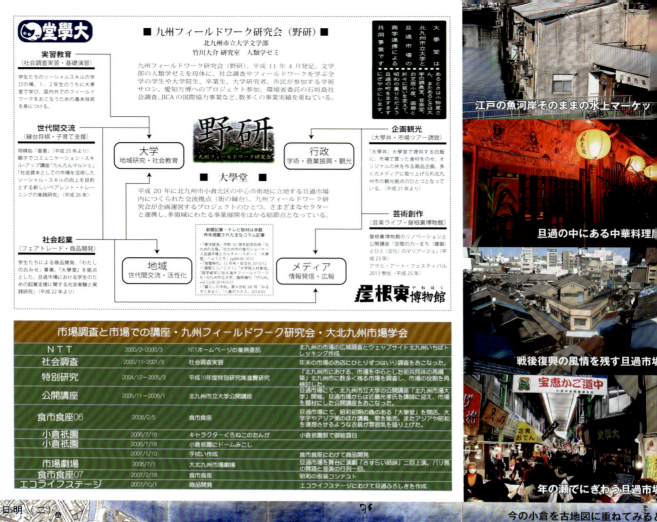
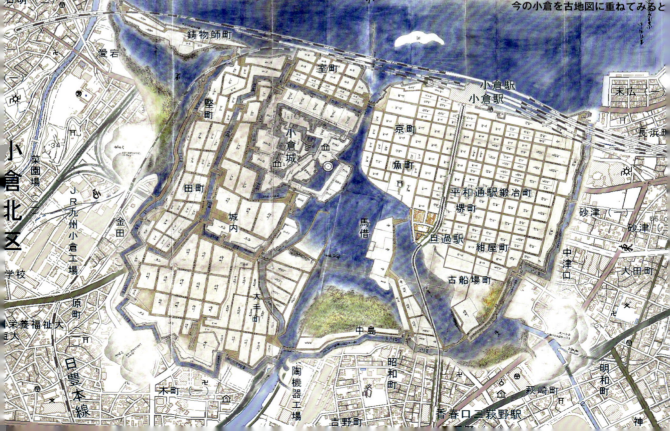

上市場の風景から，現在でも容易にうかがい知ることができる。しかし，その起源が小倉城もまだない中世の港湾都市までたどれることがわかったのは，まったく新しい発見だった。

旦過という地名は禅宗の宿坊である旦過寮に由来し，中世の門前町の地名として全国各地にその名が記録されている。そして小倉の旦過市場のある場所は，そのもっとも古い形態を今に残している。旦過の南には馬借，北には船場，東には古船場という地区が隣接している。地名からわかるとおりこの地区は，かつて陸運と海運の中枢を担っていた。

さらに，旦過市場の道を挟んだ隣には菅原神社があり，ここには天神島という地名が残っている。中世以前の小倉の海岸線は，今よりも1キロほど陸側にあったことがわかっている。おそらく沖積平野の河口である旦過周辺には，堆積した砂がたまった三角州が広がっており，そのひとつが天神島だったのだろう。

そこから考えると，現在の小倉の市街地の東半分，つまり江戸期に東曲輪とよばれていたエリアは，旦過を拠点とした天神島にはじまり，そこから海側へと埋め立てを進めていった結果生まれた中世の干拓地であったことが推察される。のちの時代に紫川の西岸に城が建てられその周辺に武家屋敷があつめられ西曲輪がつくられる。商人町の東曲輪と武家町の西曲輪，こうして江戸期の城下町小倉が完成する。

こうした歴史的な背景を知れば知るほど，小倉の街のまさに起点となった場所に今も残る旦過市場にわたしはひきつけられた。

■ 1.1　公開講座 2005–2006

そこで市場調査で明らかになった成果を市民に還元するとともに，知りあった魅力的な店主たちを交えて，大学の公開講座をしてみようと考えた。講座のタイトルは「北九州市場大学―市場を語る・市場で語る・市場が語る」である。従来の公開講座とはまったく異なり，受講生が市場と大学を往復するという発想で，この公開講座はひらかれた。

竹川大介，木原謙一，重信幸彦の3人の大学教員は，市場の喧噪の中に教室をつくり，通りすがりの人々にひやかされながら講義をした。人類学者の竹川はフィールド調査で足を運んだ世界の市場を紹介し市場の魅力について語った。イギリス文学が専門の木原は市場内の劇場からはじまったイギリスの演劇の起源について語った。重信は民俗学の観点から街の中で市場の果たしてきた役割について語った。

市場で野菜屋「江里口」を営む近藤光孝は，反対に大学で講義をした。実際に中央市場で仕入れてきたミカンを使い，それをどのように売るのか，買う人からみたらどうみえるのか，受講生が2グループに分かれワークショップをおこなった。一盛りの数を調整したり値引きの交渉をしたり，売り手の工夫が買い手にどう感じられるのかを考えた。

この公開講座を通して，わたしは人と人をつなげるメディア＝媒体という市場のイメージを強く意識するようになった。

■ 1.2　食市食座の1日「大學堂」2006

公開講座をきっかけに，受講生を中心に実際にお店をやってみたいという声が上がった。タイミングよく，その年から小倉の商店街の冬のイベント「食市食座」に旦過市場も参加することになった。食市食座は客足が止まる寒い時期に，商店街やデパートや食堂がそれぞれ出店し，300円で食事などを提供するという街をあげてのイベントである。

重信幸彦と竹川大介は大学の講義を10分

市場の中で講義をする英文学者の木原謙一　　　　　　　　　　　大学で講義をする野菜屋の近藤光孝

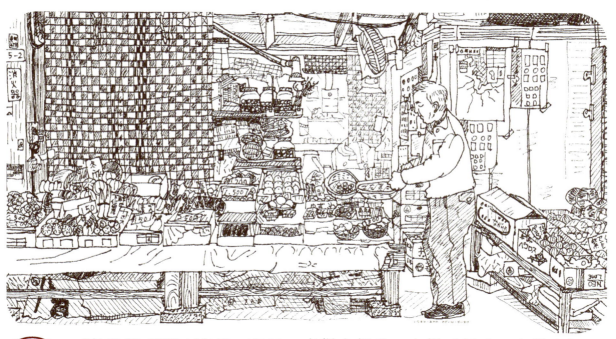

お申し込み方法　応募期間：10月18日〜10月28日
往復はがきに講座名、郵便番号、住所、氏名（ふりがな）、年齢、電話番号をご記入の上、
下記へお申し込み下さい（ハガキ一枚で1名様のお申し込みとなります）

〒802-8577 北九州市小倉南区北方4丁目2-1
公立学校法人　北九州市立大学　経営企画課「公開講座」係
受講料　資料代2000円のみ。高校生以下は無料です。　TEL. 093-964-4195

市場を語る・市場で語る・市場が語る
北九州市場大学

市場で講義をする民俗学者の重信幸彦

はじめて1日だけの大學堂の屋号が登場した

大学の講義はさっぱり売れなかった

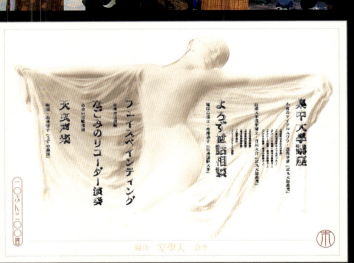

お粥の売り上げは一番だった

300円で切り売りする「集中大学講座」，前年のテント芝居公演で親しくなったうずめ劇団の松尾容子は声楽コンサートを，卒業生で臨床心理学者の命婦恭子は人生相談を，フリースクールで働く大久保大助はフェイスペイントなどのワークショップを，そして公開講座の受講生や野研の現役学生たちは中華粥やおでんなどの飲食店を企画した。

　学内でおこなわれる大学祭とちがい，ここに来るお客さんは，たまたま通りがかった市井の人々である。外部に目を向ける経験によって，新しい発想が生まれてきた。市場はひとつの「場」であり，あらゆるものがそこであつかう「商品」になりうるのだ。そしていったん商品にされると講義もおでんも対等である。

　さて，注目の売り上げはどうなっただろうか。冷徹な「市場経済」を思い知らされる結果であるが，大学教員の講義の売り上げが最低で，学生たちの飲食店の十分の一にも満たなかった。象牙の塔にこもる大学教員は，この残酷な現実をよくよく知っておいたほうがよいだろう。

　いみじくもこれが，はじめて「大學堂」という屋号が使われた記念すべき日だった。

■ 1.3　大北九州市場学会 2006

　そのころ野研は，到津の森公園の園長をかこみ動物園の企画や展示に関する意見交換をする会議に毎月参加していた。そのシステムを模して，旦過市場でも学生たちが市場の役員を中心とした店主たちとともに，市場のイベントや広報を企画する会議を発足させた。その会議は「大北九州市場学会」と命名され，当初は旦過市場にとどまらず，それまでの調査によってつながりができた北九州市内のほかの市場との連携をめざしていた。

　この市場学会は，若者たちの意見を市場運営に生かしていくための，いわばシンクタンクやコンサルタントの位置づけだった。学生たちへの報酬は，市場の食材を使った毎回の夕食だった。1月に1度，旦過市場の組合事務所にあつまり，おいしい食事をしながら市場の人とさまざまな企画を練る大北九州市場学会は，大學堂ができたあとも代替わりをしながら続いている。しかし当初の高い志は継承されず，単なる活動報告会になってしまったのが残念である。

■ 1.4　大北九州イチバ劇場 2006

　この市場学会から生まれたイベントのひとつが「大北九州イチバ劇場」である。野研の門屋裕和と青柳亜紀子，市場の近藤光孝が企画し，2005年の愛知万博でスター☆ドームのプロジェクトをともに進めた印貢陽子と松井克宏が名古屋から，おなじく2005年に北九州公演をした水族館劇場の桃山邑が「さすらい姉妹」というユニットをつれて東京から駆けつけてくれた。

　旦過市場全体を，終日にわたってひとつの劇場に見立て，バリ舞踊集団「スルヤ・ムトゥ」とバリ音楽集団「スアラ・スクマ」が市場の目抜き通りを練り歩き，劇団「さすらい姉妹」は映画館の小倉昭和館の裏の路上に舞台をつくり野外芝居を繰り広げた。

　このイベントは市場の人たちに驚きを持って受け入れられ，「戦後の旦過の賑わいや，子どものころわくわくした市場の雰囲気を思い出した」という声がきかれた。市場を劇場に見立てる昭和劇場のコンセプトがこの時はじめて具体化したのである。

■ 1.5　昭和の仮装コンテスト 2007

　市場学会の中で，昭和劇場旦過のコンセプトをもとにキャラクターとロゴが提案された。こ

こから「くろねこのたんが」が生まれた。戦後復興の雰囲気を今に残す旦過市場は、つくられたテーマパークにはない本物の歴史が息づいており、とくに演出をする必要もなく、そのままの姿で十分に魅力的な観光資源となるポテンシャルを秘めていた。

2007年の食市食座では昭和の仮装コンテストをおこなったが、参加者のファッションは違和感なく市場の風景に溶け込んでいたのがおもしろかった。その後、この昭和劇場のコンセプトは大學堂に引き継がれていく。

2 大學堂の誕生 2008

2年あまり市場学会を続けていくなかで、市場の役員たちから「ここまでやるなら自分たちでもお店を持ったらどうか」という提案をうけた。北九州の市場とのかかわりを持ちはじめて8年目にして、ようやく旦過市場にひとつの拠点を持つという念願が具体化したのである。

さっそく市場内に空き店舗を探したが、旦過市場は人気が高く、空きが出るとすぐに次の店が入る。市場のほぼ中央のT字路の角地に、シャッターが降りた店があった。オーナーは「当面だれかに貸すつもりはない」といい、ここ数年はイベント時だけ使用されていた店舗だった。しかし市場の組合としても、通りの雰囲気づくりのために、もしここが常時あけられるのであれば、ぜひそうしたいと考えている場所であった。

そこで市場の役員とともにオーナーとの交渉に出むいた。これまでのわたしたちの実績と店を持ちたい理由を説明すると、企画の内容を確認したうえで「学生が使うのであれば」と特別な条件で貸してもらえることになった。形式的には旦過商業協同組合が賃借するという契約となったが、実質的には、大北九州市場学会に参加する野研の学生たちが、自分たちの企画で使う場所として大學堂が生まれたのである。

4月なかばに場所のめどがたち一気に大學堂の構想が具体化していった。しかしここに来て、

ひとつ懸念事項があった。市場の組合からは毎日あけてほしいと期待されていたが、少人数の野研にそれだけの余力があるのかどうかわからない。機動力は野研の生命線である。店舗を持つことでそうした機動力がそがれる心配があった。

社会調査の依頼があれば1ヶ月以上そちらに人をさかなくてはならない。ちょうどそのころ、石垣島の調査と、バヌアツの村落開発事業が立ち上がっていた。なによりも平日の講義の合間に学生たちだけで、どこまで店を運営できるのか、不安材料は多くまったく予想が立たなかった。

そこで当面は週に2日ほど店舗をあけるというかたちで進めたいと市場学会で提案したところ、とりあえず最初の3ヶ月間は毎日あけてみてほしいと逆提案され、そのかたちでやってみることになった。結果的に、3ヶ月が過ぎたあとも、ゼミと野研会議がある水曜日と市場自体が休みである日祝日をのぞき、毎日あけるというかたちで今も大學堂は続いている。

■ 2.1　大學堂の改装

話が多少前後するが、大學堂の改装について書いておく。

大學堂の場所はかつて豆腐屋であり、店内は真っ白な壁に蛍光灯がつけられ普通のオフィス

はじめはただの白い部屋だった

改装がはじまった

田畑宏美が描いたイメージ画

夜を徹する作業

市場からの差し入れがあつまった

のような外観であった。ここを，昭和劇場旦過の雰囲気にあうような店舗にしたいという思いがあった。建物のオーナーに相談して改装を了承してもらい，田畑宏美がかいたイメージ図をもとに，店舗の改造計画が進められた。

この計画は進麻菜美，皿海弘樹が中心となり準備を進めたが，実際の作業に入ることができたのは6月23日であった。当初オープニングに予定していた7月1日まで1週間しかなかった。高柳亮佑，黒田陽子，須藤康之，山田洋，木下薫，原口勇希，田畑宏美，今田文，大久保大助，吉岡美紀，松原緑，山城若菜，高瀬靖史，大津留香織，金子有李ら野研のメンバーが総出で改装に参加した。しかし大工仕事はおよそ素人ばかりである。

そこに強力な助っ人がかけつけてくれた。1年前の水族館劇場で美術を担当した高橋明歩が鎌倉から，舞台大道具を担当した近藤史晴が東京から，そして古道具屋である棟梁のバットが福岡から大學堂にあらわれ，住み込みで作業を指揮してくれたのだ。彼らはそれぞれ演劇や映画のセットなどをつくっている舞台美術のプロである。

大學堂のイメージは1920年代の日本の民家ということになった。時代考証は棟梁のバットがうけもち，その雰囲気をつくるためのさまざまな特殊技術が駆使された。新しい素材にわざと汚しを入れるウェザリングや，土壁や色ガラスをそれらしくつくる方法，棟梁には調度品の色や内装にも厳格なこだわりがあり，細かく気を遣った。そんな厳しいプロの指導のもとで，わたしたちは昼夜を問わぬ突貫工事を進めた。

7月7日を完成日に定めなおし，講義の時だけ大学に出かけ夜も作業を進めるという日々が続いた。そして改装開始からわずか2週間で，大學堂はまるで90年以上前からそこにあったような，市場の老舗に変わっていた。

オープニングの準備は，改装作業の合間に進められた。若松にあるプロのちんどん屋に指導を仰ぎ，珍計画というユニットをつくり，山城若菜，高柳亮佑，皿海弘樹，山田洋らが練習をくりかえした。

かくして2008年7月7日ついに大學堂が誕生したのである。12時に市場らしく紅白のカマボコのテープカットがおこなわれた。

当日は，卒業生である上野敦子，山下あゆみのユニット「劇団かみしも」が芝居をし，野研の新人である宮村早貴，町田佳菜子らが音楽演奏をおこなった。なかでも沖縄出身の照屋優海の唄と三線は人気を博した。たまたま通りがかったお客さんたちは，音楽に聴き入り投げ銭を放った。

すべて手づくりで低予算，知恵と人脈をたよりに，使えるネットワークを最大限に使う野研のスタイルは，この大學堂の改装にも遺憾なく発揮されていた。旦過市場に新しい場所ができあがり，これからなにかおもしろいことがはじまりそうな予感に満ちていた。

■ 2.2　旦過市場こそが資源である

創設の時から野研には，いくつかの町おこしや地域活性化事業の依頼が来ていた。もともとは社会調査の受け入れ団体としてスタートした野研であるが，地域とのかかわりが深まるにつれ，実践の場で期待されることも大きくなった。当時，北九州市が力を入れていた門司港レトロや黒崎，八幡の商店街などからもそうした依頼が来ていた。

ありがたい申し出であるが，なにしろ野研は小さな所帯である。そして最小限の投資で，最大限の効果を求める野研のノウハウは，どこにでも応用できるものでもない。このノウハウは相手先のポテンシャルを発見し，それを掘りおこ

すことによって，はじめて実現するのである。

そういう意味で旦過市場は，数多くの未知のポテンシャルを隠し持っていた。先に述べた中世にさかのぼる古い歴史もそのひとつである。日本唯一の水上マーケットであることも観光資源としての可能性に満ちている。なによりも魅力的なのは，それぞれに得意先を持っている個性的な店主たちだ。

市場全体をひとつの社会資源と考え，新しいものをつくるのではなく，すでにあるものを再解釈し新たな価値を付与するという，いつもの得意技を発揮し，大學堂は多くの資源を手にスタートしたのである。

大學堂の運営において最初に考えたことは，継続することに意義があるという点であった。初年度は商学連携商業活性化支援事業「旦過市場地域研究および活性化の拠点『大學堂』の運営」の支援をうけたが，これは1年限りの資金である。お金がなくなったらもうできませんでは意味がない。外部資金がなくても運営を可能にするシステムを考えることが最優先された。

大學堂では，極力コストをかけずに，自立的な運営を進めることをめざした。低空飛行ではあるが，赤字をつくらず，学生たちに経済的な負担をかけない運営が基本である。現在，経理も含め大學堂の運営は，ほぼすべて野研の学生たちの手でおこなわれている。

大學堂にかかわっている学生たちはみな，自分たちが店主だという意識を持って経営に参加している。自分の店に対する愛着こそが，楽しさの源泉となる。そして近隣の個店の店主たちが，そうしたマネージメントを学ぶための格好の師匠となっているのである。

■ 2.3　学問と実践の融合

主体的な学習，あるいは学問と実践の融合。

大学と市場の融合である大學堂は必然的にそうした場になっていった。その背景にあるのは，だれかのためにするのではなく，自分がおもしろいからそれをするという野研メンバーたちの一貫した姿勢だった。すべては義務ではなく権利である。たしかに店をひらく以上，そこを訪れる客たちがいる。外部の人とかかわる以上，その権利はたんなる自分のための権利ではなく責任をともなう権利となる。しかしかりにそうであっても，それは決して，なにかをしなければならないというかたちの義務ではない。いいかえれば経営者としての権利である。

街の縁台としてスタートした1年目の大學堂はとにかく試行錯誤の連続だった。とくに販売する商品もなく，おしゃべりをするために人があつまり，ゼミや研究会をひらいたり，食事をしたりする場所として使われていた。大學堂でおこなうゼミには，かならず通りがかりのギャラリーがつき，なにかしらのコメントを残してくれた。そのうち毎週かかさず参加する常連もあらわれはじめた。市場でゼミをし，研究会をひらき，それを一般の人たちに公開する。そこには大学の中では感じることのない，心地よい緊張と刺激があった。

わたしにとっての大學堂は，ひとつにはあこがれの古書店の店主のイメージがあった。大學堂は街中にある書斎であり，市外からの来客と落ちあう応接室でもあった。他大学の教員や担当者，行政関係者や議員などによる多くの視察も受けていた。わたしがいないときは学生たちが対応した。つまりちょうどこのころから増えはじめた大学のサテライトキャンパスのような役割を，当初の大學堂は果たしていたのである。あるいは，学校帰りの高校生たちにとっては，365日オープンキャンパスだった。

あとでふれるように2年目以降は大学丼などの商品が生まれ，大學堂はすこしずつ市場の中

の店舗らしさをそなえていく。しかし初年度は，市場の人たちから「大學堂ではアブラしか売っていない」とからかわれながら，その後の8年間の中で，もっとも多様な常連が訪れた年でもあり，ある意味で非常に特徴のある1年だった。

まさに街の縁台という言葉がいいあらわしているように，大學堂は，市場の組合や北九州市立大学とつかずはなれずの関係であり，公式と非公式の境界に位置するマージナルな存在だった。

そうした境界的な状態は決して悪いものではなかった。

当時の学長の矢田俊文や副学長であった近藤倫明は，イベントのたびに大學堂に顔を出してくれ，野研の学生たちにとっては身近な存在だった。大学の事務方も関心を示していた。とくに事務局長の石神勉は野研の学生たちをとてもおもしろがり，鍋会の時などにあらわれては食べ物を振る舞い歓談していった。旦過の近隣に住んでいた理事長の阿南惟正は，ときおりふらりと大學堂を訪れては，ほかの客に紛れてくつろいでいた。

それ以外にも身分を明かさずお忍びでのぞきにくる教員や大学職員も多かった。それぞれが大学という制度の外の日常的な場所で，学生に接するという経験を楽しんでいるようにみえた。公立大学ならではの風通しのよさが，よいかたちで生かされている状況がここに生まれていた。

大學堂はある程度自由に活動をおこなってきた。一方で，市場も大学も知名度の向上や学生による地域貢献として，十分なメリットを認識していた。結果的に大學堂が長く続いている秘訣は，三者がともに利益を得られる関係を築いてきたことにある。

大學堂は街の公共空間としてつねに外にひらかれており，さまざまな人の目に触れている。たとえば行政の人たちとの会合の機会などに，

意外なかたから，「実は大學堂に客として行ったことがある」と告白されることが時折ある。緊張して「いかがでしたか？」ときくと，「おもしろいですね」と好印象がほとんどで，内心ほっとしている。

またある人が大學堂の学生に「だれがこのお店の経営しているの？」ときいたところ「自分です」即答されたという。その人は「さすがだね，なかなかいえないね」としきりに感心し，わたしの教育成果だとほめてくれたが，これは教育成果ではなく事実そうであるから，そういっているだけのことである。

さらに大學堂にはときおり，とくにアポもなく，しかも店長に話をきくふうでもなく，こっそり取材か視察をしているような，ちょっと怪しげな人たちもあらわれる。そのたびに，あれはミシュランの覆面調査員だったのではないかと，学生たちの間で噂されている。

2006年度に地域貢献に関する目標および計画を実施する組織として「地域貢献室」を設置した北九州市立大学は，日本経済新聞社産業地域研究所が実施した「大学の地域貢献度ランキング」調査において，2006年度に全国2位，2007年に全国8位，大學堂がスタートした2008年度には全国1位を獲得している。

当時の学長の矢田俊文は，それぞれの教員やゼミの活動を大学全体のとりくみとして位置づけたことがこうした高評価につながっていると語っていた。非公式なかたちで表に出にくいさまざまな活動が，結果的に大学の評判に寄与していたのである。決してそれを意図していたわけではないが，北九州市立大学が地域活動に特徴がある大学として全国的に認められるようになった背景には，野研や大學堂の活動も一定の役割を果たしてきたのだと思う。

その後，2009年4月の地域創生学群や2010年4月の北九州市立大学地域共生教育センター

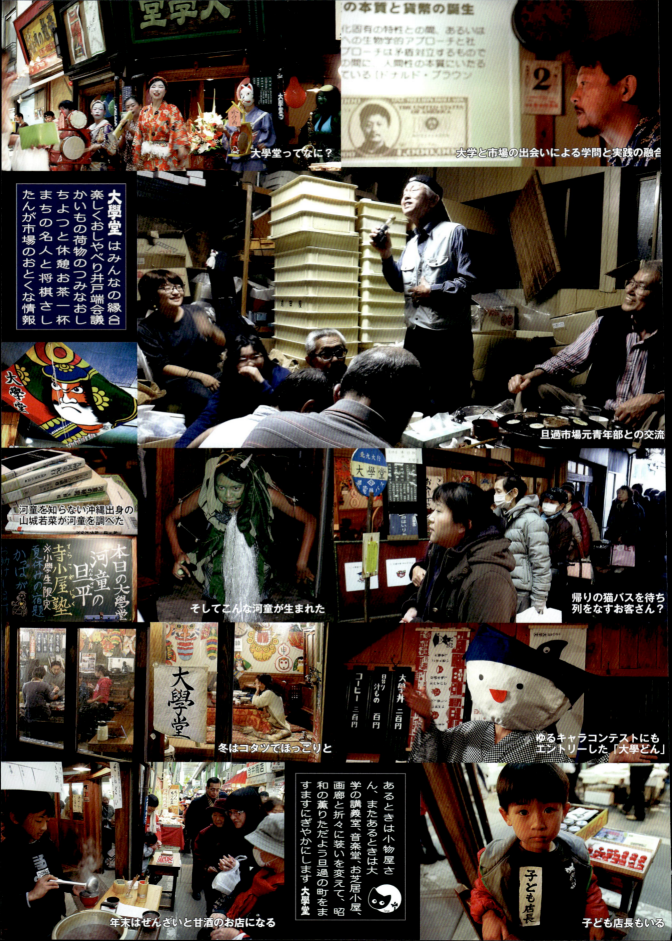

を発足させるにあたり，野研や大學堂のとりくみはなんどもヒアリングをうけている。その際にわたしからはフィールド体験を活用した実践教育の立場について多くのアイデアを提供した。同時に今後は野研の活動そのものを大学のカリキュラムに組み込んではどうかという提案もうけたが，学生たちの強い意向もあり，野研は今も制度から距離をおいたまま従来どおりの自主ゼミにとどまっている。

こうしたつかずはなれずのマージナルな状況は，当初から教員の立場で野研を応援してくれた重信幸彦や梶原宏之らの専門である民俗学に通底するものがあった。重信は民俗学を在野の学問とよび，大学の外にこそ学問をする場所があると語っていた。まさに野研の大學堂はそうした在野の学問実践の場であり，それを今も誇りに思っている。

■ 2.4 答えのない問い 「大學堂ってなに？」

「大學堂って結局なんですか？」これまでどれほどこの質問をうけたことだろう。新聞記者や視察の面々は，大學堂というムーブメントをひとことでいいあらわせる便利な言葉をしばしばほしがった。

ちょうどこのころ，90 年代のいわゆる「大店法」の改正と廃止により，シャッター化が進み寂れてしまった商店街などで，大学や学生がおこなう地域活性化事業が全国に広がりはじめていた。「中心市街地活性化法」など「まちづくり 3 法」がそうしたとりくみをあと押ししていた。大學堂の誕生もおなじ文脈で理解されることが多かった。

しかし野研が興味を示していたのは，大店法の対象よりもさらに古いタイプの戦後の市場なのである。商学連携商業活性化支援事業の資金をもとにたちあげておきながら，こんなことを書くのはやや気が引けるが，大學堂の目的は当初から町おこしではなかった。旦過市場には大店法の廃止とは無関係に古くからの活気が残っていた。「活性化するのは街ではなくて学生のほうである」とわたしは考えていた。

大學堂の入口にはこんな言葉が書かれている。「あるときは小物屋さん，またあるときは大学の講義室，音楽堂，お芝居小屋，画廊と折々に装いを変えて，昭和の薫りただよう旦過の町をますますにぎやかにします」

当初は，わたしたち自身も大學堂がどんな場所になるのか，わからなかった。市場の人は最初のうちは便宜的に休憩所とよんでいたが，この画期的な企画に対して，それはあまりにふさわしくない呼称だった。街の駅，オアシス，街の縁台，取材をうけるたびにさまざまな新語を提案したが，なかなか定着しない。

わたしはしばしば「大學堂はメディアです」と説明していた。わたしの中では今でもこれがもっともしっくりくるのだが…。

ラボ，アトリエ，ライブハウス，ギャラリー，そしてエコミュージアム。さまざまによばれる大學堂。ここをどうよぶにせよ，人があつまる市場にある大學堂は，そもそも学問や芸術との親和性が高い場所である。大学が街に出ることの意味，そしてその場所が市場であることの意味は，案外そんなところにあるのだろうと思う。

結局のところ，このごろは「コミュニティスペース」に落ち着いているようだ。「共同体空間」という集会場のようなこの語感には，しかしどこかピンとこない。空間（スペース）ではなく，ここは場（フィールド）なのだけど…。

3　市場でくらす

　市場に店を持つということは街の中でくらすということだ。通りの掃除や日々のあいさつなどの近所づきあいには，都心にありながら村のような小さなコミュニティがある。小倉祇園太鼓への参加も，それぞれの学生と市場とのかかわりを示す指標だ。短ければ2年で入れかわる学生たちは，昔から市場で育ってきた大人たちの中で，期間限定の街の若衆になれるかどうかが試される。

　市場の人々は，ひとりひとりの学生を実によくみている。大學堂にいた期間がどんなに短くても，市場の人たちの印象に残った学生は，卒業したあともここに帰ってくれば，市場の人々が懐かしがって迎えてくれる。共同体というのは，それぞれのかかわりがはっきり描きだされる故郷のような場所である。

　大學堂が旦過市場にできて，市場の平均年齢がすこしだけ下がり，さらに2代目3代目の若い店主が入ってくるにつれ，このわずか8年の間にも市場全体の雰囲気がずいぶん変わってきた。

　そんななかで，市場に新しい世代の青年部が発足し，自分たちの活動をはじめるようになった。メンバーは入れかわっているし年齢も若いが，組織としては市場学会や大學堂のほうが先輩になる。こんなふうに市場に対するさまざまなとりくみで協力体制がとれる仲間が増えてきた。

　また国内外の観光客から注目されるようになり，わたしたちが大學丼の展開をはじめたあとに，市場の中の飲食店も増えた。大學堂は市場から力をもらっているが，その大學堂がさらに市場を変えている。街にくらす市場の人たちとのかかわりの中で，そうした手応えを感じている。

■ 3.1　野人のトラップ

　フィールドワーク研究を主眼とする野研と人類学ゼミでは，卒業論文や大学院の研究のためにそれぞれが自分のフィールドをみつけて調査に入る。学科のカリキュラムには2年時で社会調査実習があるが，社会調査の経験を積んでおく機会は，できるだけ多いほうがスムーズに自分の調査をはじめられる。

　他人が住む場所に行き，そこにある日常生活に参与しながら話をきくということはそれなりの高い対人スキルを要求される。大學堂は初心者の1年生や2年生にとって，そうした経験を積むための格好のフィールドとなる。

　なにしろ，こちらから訪ねていかなくても相手からやってくるのだ。しかも大學堂をみつけ興味を持って入ってくるような人は，たいていなにかおもしろいものを持っている。

　そうした人々をわたしたちは敬意を込めて「野人」とよび，そんな大學堂をこっそり「野人トラップ」とよんでいた。こちらからだれかを訪ねて調査をするのではなく，相手のほうからついそこに入りたくなってしまうような不思議な場所，そんなしかけが大學堂にはあった。

　九州の北端に位置する北九州は，中国大陸や朝鮮半島に近く，歴史的にも多くの旅人がとおりぬけていった場所でもある。今でも自転車や徒歩で日本を旅する人々にとって必ず立ちよる通過点になっている。たとえば沖縄でコザ銀天大学の事務局をしている平良一樹は，リアカーで日本一周をした際に2度大學堂に立ちより1週間ほど滞在した。わたしたちもその後，彼と会うためにコザを訪問している。

大學堂は口コミやネットを通じて，そうした旅人たちがあつまる場所になってきた。フィールドワーカーであるわたしたち自身も，よその土地では旅人のようなもの。どんなふうに受け入れられればうれしいか，旅人の歓待の作法はよく知っている。知らない土地の情報交換をする場所として，大學堂の居心地のよさが知られるようになった。大學堂は北九州の市場の中の奥まった場所にありながら，一方で外の世界とつながる媒介の役割をはたしているのである。

こうして，つぎつぎにおもしろい人たちが訪ねてくる大學堂にいると，見慣れた街を別の角度からみることができる。さきに述べたように大學堂がオープンして1年目は特にそれが顕著だった。そのころは「魔の5時」とよばれる時間帯があった。閉店間際の大學堂に不思議なお客が飛び込んでくる，そして長居をする。必然的に店長は店を閉められない。

不思議なお客はひととおり不思議な話をして，なにかに満足すると帰っていく。不思議なお客にはいちげんさんも多かったが，常連もいた。そういう人が少なくとも数人はいた。このあたりの話については大學堂の1年目の報告書に詳しく書かれている。その後，大學堂がだんだんお店らしい体裁を整えてくると，自然にそうした人たちは寄りつかなくなった。しかし今でも街のどこかに彼らはいるはずである。

いずれにせよ，大學堂はフィールドワークの修行の場として，ソーシャルスキルを磨き，コミュニケーション能力の幅を広げ，日常の中で人間観察ができる，理想的な環境となっていった。

■ 3.2 白飯のカンバスに 欲望を盛る大學丼

オープンして1周年をむかえようとしていた

ころ，近所のお店の人とも親しくなり，大學堂の知名度もすこしずつ上がってきたが，市場の中にはまだ，大學堂では学生たちが遊んでいるだけだと考えている人たちもいた。実際にはわたしたちのほうにも，プロの店主たちを目の前に物を売ることを，遠慮していたところもあった。しかし多くの店主から「大學堂は商売をしないのか」とプレッシャーをかけられ，メンバーの中にも，なにかはじめたい気持ちが生まれてきた。

大北九州市場学会でも，「せっかく市場の一等地に店を持っているのだから商売しないというのはもったいない」「旦過にはお金が埋まっているよ」と背中を押された。

そんななかで新商品の企画が立ち上がった。

大學堂の改装のときから近隣のお店のかたがたには，イベントのたびに，食べ物の差し入れをいただいていた。市場ではお店の人どうしで閉店時に売れ残ったおかずを融通しあうという風景もみてきた。

それまでも大學堂の自分たちの昼ご飯のために，炊いた白米を持って市場をまわり，おかずをのせてもらうようなことをしていた。それ自体とてもおもしろかったので，大學堂に知人が来たときなどは，わざわざ魚屋さんに頼み，魚をさばいて丼にのせてもらうこともあった。

旦過の起源は禅宗の門前町。旅の僧侶の托鉢と，市場のおかずと，自分たちのまかない。托鉢・おかず・まかない。この三つのアイデアが重なって大學丼が生まれた。大學堂が提供する白飯に自分が市場で買ったおかずをのせて食べるオリジナル丼が大學丼である。

市場の持っているおいしい食べ物と，それを白米にのせて食べる楽しみ，手軽さと安さ。野研のメンバーで企画を練りあげ，全国でほかに類をみない，そしてどこも簡単にはまねできない，旦過市場の利点を最大に生かした名物がで

1. 大學堂でごはん買い♪

2. 旦過市場でおかずのせ♪

3. あとは楽しくめしあがれ
いただきま〜す♪ 大學丼

スープもどうぞ♪

若者に人気の茶色丼

奥田精肉店のローストビーフ丼

コリコリ感がたまらない
湯引きヒラス丼

冬の最高峰サバ刺身満載丼

みんなでそれぞれの大學丼

第4章　大學堂・町中の市場に住む

きあがった。

　事前に市場の個店と交渉し，おかずになりそうな商品をピックアップした。「大學丼できます」のポスターも貼ってもらった。大學丼のやりかたを説明するチラシも作製した。

　当初は，その手軽さから地元のサラリーマンの昼食をメインターゲットに考えていたが，それよりも先に観光客にうけた。北九州市観光協会の協力を得て，学生たちの手で英語・ハングル・簡体字・繁体字の多国語にチラシを翻訳した。

　ゆるキャラ「大學どん」もつくり，テーマソングもつくり，ホームページで動画アニメも流した。高校生むけのマンガのパンフレットもつくった。メディアミックスの王道を行く広報戦略をしかけた。

　大學丼は，『るるぶ』『まっぷる』『じゃらん』をはじめさまざまな旅行雑誌で，おもしろい新名物として定番となった。旅行番組では関西や南九州のテレビがとりあげてくれることが多く，地元よりも北九州以外の人の知名度のほうが高かった。海外からもさまざまなメディアの取材をうけるようになった。

　そんなときもわたしたちは常に一過性の学生企画ではなく，プロとしての事業を意識しながら取材に対応し，契約をかわしながら仕事をうけていた。ここにはわたしの大学時代のJR西日本との仕事が生かされていた。大学生の商売に注目が行くのは最初のうちだけで，それが本物であればあるほど，相手はプロとしての仕事をもとめてくる。

　JTBは大學丼のクーポン券をつくり旅行客へのプロモーションを進めた。近畿日本ツーリストや日本旅行は，大學丼をツアーに組み入れた旅行パッケージの企画を持ちこんできた。大阪から新幹線で九州に入り，バスで大分や長崎に行くときに，小倉は昼食時の中継点として都合がよく，そこに大學丼を組みこんでくれたのだ。

　飛行機の機内誌や，海外のガイドブックなど，年を追うごとに取材や掲載誌は増え，それにあわせて大學堂の利用者も増加した。海外からのお客さんに対してはネットでの評判の効果が大きかった。こうして，ひとつのムーブメントとしてはじまった大學丼は，数年のうちに北九州の観光資源のひとつに定着していった。

　市場の中を丼を持って人々が歩きまわる姿は，旦過市場ではあたりまえの風景となった。市民の芸術活動を支援するアサヒアートフェスティバルからは，大學堂と大學丼は地域アートのひとつとして評価された。なんと大學丼とは白いご飯というカンバスに，おかずという画材で自分の欲望を描いていく芸術表現のひとつだったのである。

■ 3.3　社会起業のインキュベーション

　大學丼の成功を期に，野研メンバーたちの起業インキュベーターとして大學堂は利用され，さまざまな商品を開発していった。「わたしのおみせ」という手づくりの販売ブースもそうした企画のひとつだった。ここでは旦過のオリジナルてぬぐいや人形，絵はがきや編み物などをつくって販売した。

　そうしたとりくみを重ねるうちに，旦過は，やはり生鮮食品の市場であること，値段もさることながら，市場のお客さんは全体的に舌が肥えており，よいものを提供すれば，それをみとめて必ず買ってくれる人がいることがわかってきた。

　そこで次に，生鮮食品をあつかう流通と，食の再評価に関する社会実験の拠点として，できる限り自分たちがかかわり，自分たちでつくった自信のある食品をあつかっていこうという方針を立てた。

　わたしたちが人類学の調査をする海外で出会うフィールドの人々は，おおむね自給自足でく

097

らしている。だから，だれもが自分が食べているものの出自をちゃんと知っている。自分の身体に入れる食について，日本のわたしたちももっとまじめに考えるべきではないだろうか。

まず，大學堂で出す米を，若宮の農民組合から仕入れることにした。これは野研メンバーの植西あすみが援農活動でお世話になっていた藤嶋嘉子とのつながりによって実現した。若宮農民組合では減農薬有機農法でおいしい米づくりをめざしていた。土づくりから手間と時間をかけている米の食味は，高級な市販米の上をいくレベルだった。

大學堂の味噌汁も，自分たちで麹づくりから仕込みまで手がけた自家製味噌を使うことにした。これはスター☆ドームのワークショップなどで，以前から交流があった豊津の瓢鰻亭の前田賤や，有機農業や安全な食づくりを実践しているものづくり豊の会の村上英志らの指導をうけた。

大學堂で出しているコーヒーは，高知県の「はなればなれ珈琲」で鈴木野歩が焙煎する豆を使っている。通常は県外で売ることはないが，この味に惚れこんだ門馬一平が現地に頼みにいき，特別に卸してもらっているものである。

また新茶の季節だけの限定で，卒業生の末嵜陽介が八女市の笠原にある親戚の樋口茶園からとりよせた「かぶせ茶」を売っている。

年末商戦で出すぜんざいも既製品ではなく自分たちで小豆をたく。甘酒も麹を使って前日から仕込む。夏の前には，大学構内に植わっているヤマモモや梅の実，メンバーの家の庭にはえる紫蘇からジュースをつくる。そんな商品を大學堂に次々に並べた。

2012 年には，毎月の試食隊というイベントでお世話になっていた小倉中央市場の北九州青果から，種子島でつくられるようになった新種のサツマイモ「安納芋」のプロモーションの依頼をうけた。この焼き芋を，大學堂にちなんで「合格芋」という名で売り出した。受験生の夜食にというふれこみで，合格祈願のおみくじと，大學堂の学生による受験アドバイスというサービスがついていた。芋がとれる 12 月から 2 月の 3 ヶ月間しか入荷しないが，この合格芋は冬の大學堂の人気商品となり，焼き上がる時間には人があつまった。安納芋が広く知られ品薄となった今でも，大學堂には優先的に卸してもらっている。

2015 年には，大学で育てていたニホンミツバチが，ようやく人にわけられるだけの蜜をため，近隣でニホンミツバチを育てているかたとともに「北九州和蜂蜜」の名で販売を開始した。まぎれもなく天然の，自分たちで育てた和蜂ハチミツだった。初回はあっというまに完売。150 本に本数を増やした 2 回目の販売もわずか 30 分でなくなってしまった。翌年はさらに九州山地のハチミツをあつめて品数を増やした。

2017 年には，酪農に興味を持ち大学の近くでヤギの世話をしている伊藤圭吾が，調査で訪れた大分の農場からヤギミルクのアイスクリームを仕入れ，販売をはじめた。

顔のみえる相手から食材を手に入れ，自分たちでつくったものをお客さんに提供する。自分がおいしいと思う食品を，たくさんの人にも伝え，喜んでもらう。小倉の台所で，食に根ざした社会起業の意識が芽生えている。

■ 3.4　空間の力

大學堂は空間ではなく場である。空間に意味や力が作用するとそこは場になる。場に対する愛着は，どれだけそこにかかわってきたのかで決まる。

大學堂を改装した 1 世代目の学生たちが卒業すると，次の世代は最初につくったものを継承

101

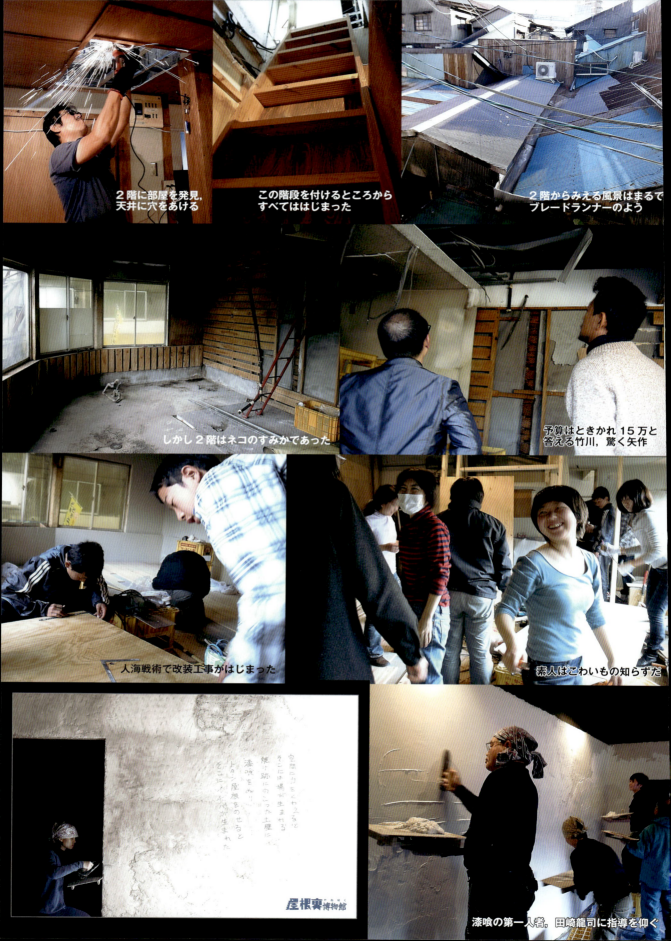

して維持することがもとめられる。しかしどんなに頑張っても，場に対する愛着は1世代目にはかなわない。常に新しいモチベーションを生み出すためには，常に新しく自分たちの場をつくらなくてはならない。

そうした発想から，大學堂がオープンして3年目に2階の改装を手がけることを思いついた。大學堂に2階があることは当初からわかっていたが，階段が切られており，梯子を使い外部からはいるしかなかった。なんとか2階に上がり中のようすをみると，ガラスは割れ，廃材が放置され，ほこりだらけのネコのすみかとなっていた。

しかし，そこからみえる市場の屋上の風景は新鮮で，広い空間も魅力的だった。なんとかここを使えないかと，まず天井に穴をあけ，1階の床との高さを測り，人がぎりぎり通れる斜度を計算し，2010年10月16日に新しく階段を取り付けた。階段さえあれば，あいている時間に2階に上がることができる。

改装作業がはじまったのはそれから半年後の2011年2月5日だった。有松由衣が全体を指揮する棟梁に志願し，春休みを使って改装がはじまった。

藤原惠洋の九州大学芸術文化環境論研究室，伊東啓太郎の九州工業大学環境デザイン研究室，そして北九州市立大学環境工学部空間デザイン研究室の学生らが参加し，野研と共同で作業をおこなうこととなった。矢作設計事務所から矢作昌生，山口瞬太郎，川端威士らが加わり専門家の視点から改装や強度に関するアドバイスをもらった。

設計のプロから最初に確認されたのは改装のための期間と予算である。大學堂の収入と可能な出費金額を考えて，わたしは真面目な顔で「工期は1ヶ月で総工費15万円です」と答えた。人件費は入っていない。すると「それは図面をひくための費用ですか？」と驚かれた。

結果を書いておくと，最終的な出費の総額は18万円だった。われながらかなり正確な見積もりであったといえよう。限られた予算をおぎなうために，企画書を持って企業をまわり，株式会社緒方組から材木を，吉野石膏株式会社から石膏ボードを，田川産業株式会社から漆喰の提供をうけた。東日本大震災の直後で資材が不足している折ではあったがそれぞれの企業から好意的なサポートをうけ改装は実現した。

工学系の学生たちは部屋の中を測量し，図面を引き，模型をつくり，必要な資材の計算をしてくれた。3Dのモデルまで登場した。しかし実際の作業では，床や壁に直接材木をあて，印をつけて切るという原始的な手法がもっとも作業がはかどった。

改装は，有松由衣のほか木下靖子，田畑宏美，竹川大介，濱本拓磨，岩崎蔵人，植西あすみ，大川留奈，布施咲子などの野研のメンバーが主として進めた。特筆すべきは市場の小学生の尾形愛で，彼女は春休み中，毎日のように熱心に現場にあらわれ，作業を手伝ってくれた。

最初の1ヶ月はほぼ廃材の掃除や作業計画に費やし，資材が入り現場の作業がはじまったのは3月12日だった。当初は1ヶ月の工期を予定し4月1日のオープンをめざした。実際に床張りなどおおかたの内装作業は3月中に終わったのだが，部屋の側面の壁に漆喰を使うという計画が途中から浮上し，壁の下地をつくる作業に時間がかかり，結局すべてが完成したのは新年度に入った4月28日だった。

漆喰作業にはその道の第一人者である田崎左官の親方である田崎龍司に指導をあおぎ，配線は，みやま市のイベントで協働した中尾電器の中尾一徳が助けてくれた。作業に参加した人々は最終的に総勢68名。ここでも強力な人的ネットワークがプロジェクトを支えている。

新しくできた2階の部屋は「屋根裏博物館」

屋根裏博物館 (やねはく)

空間に力をくわえると
そこには場が生まれる

やけあとに繊ったつちかべに漆喰をぬり
とたん屋根をのせると
そこにいちばが生まれた

いちばには人が集まり
にぎやかなまつりがはじまった
ひるもよるもつづくそのまつりは
あたりいちめんにあふれだし
やがて大きなうたかたになった
うたかたの中で人々は時をわすれ
うたかたの中で人々は夢におぼれ
大きくなりすぎたうたかたはあるひ
プチンとはぜた

不安と孤独と絶望をまきちらして
プチンとはぜた

つくろう明日をやけあとに
うしなった記憶をとりもどそう
うまれかわりの歓喜をおもいだそう
つながりの幸福をにぎりしめながら

ひとびとの「思い出」と
まちまちの「生い立ち」を
ちいさな空間にあつめた
「屋根裏博物館」にようこそ

虚空に力の灯がともり
世界が再生した最初の3分間の姿を
その時のままにお見せします

　この窓から外を見て欲しい。戦後すぐに立てられたトタン屋根の市場の裏側と、その向こうを走るモノレールが不思議な対照をみせている。この風景を多くの人に見て欲しいという思いから、ながらく使われていなかったこの部屋を、ギャラリーやシアターとして使用できる公空間に再生する「屋根裏博物館」の事業が立ち上がった。

　汚れていた部屋を徹底的に掃除し、寝泊まりをしながら1ヶ月以上かけ人の手で改装は進められた。天井板をはずすと、戦後すぐにおきた火災で焼け残ったままになっている梁が現れた。表面が炭化した梁はそのまま見せ、部屋の周囲には漆喰の壁を立ち上げた。床は水平をとるために15センチほど上げ、天井と呼応した黒い板張りに仕立てた。

　多くの人々の力を借りてこの事業を成し遂げることができた。全体を見渡すと、鮮やかな白と黒のコントラストが目に飛び込んでくる。漆喰の壁は背景によくなじみ、上品で落ち着いた重量感を醸し出している。奥の窓からは市場の通りを見下ろすことができる。街の中に素敵な隠れ家が完成した。協力して下さった方々にあらためて感謝し、この場所をいつまでも大切に使っていきたいと願っている。

内覧会には学長も参観

リノベ熱はおさまらずさらに
「大王の間」の工事にとりかかった

しかし雨漏りがとまらない

雨漏りをとめるまでに1年かかった

九州中の装飾古墳の絵にかこまれて
深い眠りにつける大王の間

と名づけられた。この命名には，渋沢敬三のアチック・ミューゼアムへのオマージュが込められている。

空間が新しい人の行動をよびおこし，そこから場が生まれる。すでに第2章でふれたように，屋根裏博物館の完成を記念して，藤原惠洋，伊東啓太郎，矢作昌生，重信幸彦，梶原宏之そして改装に参加した学生たちとともに「空間の力―まち（建築）とひと（文化）のマリアージュ」と題して公開講座を開催した。そのポスターにはこう案内されている。

「大學堂で邂逅（かいこう）した，歴史，風土，環境，都市工学の専門家たちが，『まち（建築）』と『ひと（文化）』を結びつけ，『まち』の楽しみ方，遊び方，育て方を語る。目指すは，近未来社会モデルとしての地域の文脈・矜恃・紐帯（ちゅうたい）の再生だ。快適な日常空間とはなにかを考えながら，本来『まち』が持っていたはずの，人と人をつなげる『空間の力』を感じてほしい。」

野研のリノベ部隊は2011年の屋根裏博物館のあと，2013年にはさらにその奥に封印されていた空き部屋を発見し，九州一円の装飾古墳の壁画を描いた大王（おおきみ）の間を手がけた。場をつくること自体がひとつの自己表現であり，新しいメンバーのモチベーションを高めていった。

4 大學堂が小倉の街を創っていく

このように大學堂はさまざまな社会実験の坩堝（るつぼ）であった。新商品の開発にとどまらず，アートや講演，市場ならではの人付きあいを生かしたイベントや講座など，街の中でできそうなあらゆる可能性をためしてみる場所が大學堂であり，そうした意味で常に先進的な事態が生まれていた。大學堂を使ったイベントはほぼ毎週のようにあり，人知れずいつもなにか新しいことがおきている場所になっていった。

■ 4.1 投げ銭ライブ

大學堂の奥には畳が敷かれ，手前は椅子とテーブルがおかれている。畳の上のこたつとちゃぶ台をどければ，そこはステージになる。テーブルを市場の通路に出し長いすをならべると，市場に対して半分開かれたライブ会場がすぐにできあがる。この路上演奏のような空間に多くのミュージシャンがやってきて，投げ銭ライブをしてくれた。ポピュラー音楽もあれば民族音楽もある。プロもいればセミプロもいる。学生のバンドも投げ銭の世界では平等だ。

谷本仰とフクヤマワタルのDuo Dialoguesは，毎回異なる趣向のライブを展開し，生で音楽を味わう楽しさを伝えてくれる。在学中にアイルランドで音楽を学んだ野研のメンバーの町田佳菜子は，松岡怜央らとともに「かなんとこんばんどん」を結成，大學堂にアイリッシュ・パブの風を運ぶ。実近修平と石村行によるジンバブエの民族楽器ムビラの演奏会，武藤景介，金子ユキ，カネコテツヤによるインド音楽，松尾容子らによるトゥバ共和国の喉唄ホーメイ横丁，など国際色にあふれた音楽が旦過市場に響き渡る。

音楽以外にも山椒亭小粒の落語，藤枝虫丸の暗黒舞踏，インドの吟遊詩人バウルのことほぎ，世界にひとつだけしかないお茶碗で楽しむ野点（のだて）と出張大學丼 by きむらとしろうじんじん。入れかわり立ちかわり想像をはるかにこえる表現者が大學堂に登場した。天下太平・ミスターファ

大學堂イベントリスト

2008

7/7 **大学堂オープニング**セレモニー
7/8 大學芋販売
7/10 公開人類学ゼミ
8/8 **みやま市物産展**
8/18 竹笛ワークショップ
8/19-22 **全国一周リヤカーマン**平良一樹
8/22-27 **河童の旦平の寺子屋**
8/23 沖縄デー・氷ぜんざい・トークショー
8/27 北九州森林組合物産展
9/4 クジの日にちなむ**クジ**を販売
9/5 北九州市立大学集中講義
9/6-28 街じゅうアート・牧野伊佐夫原画展
9/9 北九大映画サークルによる映画上映会
9/17-21 日本一周を終えたリヤカーマンふたたび
9/21 ちんどんや**珍計画**
9/21 フルート教室、ガリ版教室
10/5-13 **谷本仰・堤琴の夜**
10/17 山椒亭小粒・大學堂**落語会**
10/23-27 岩田千明・絵手紙展示
10/23-11/3 **冬支度**のための店舗改装
11/3 食市祭・くろねこのたんかを探そ
11/3 竿屋青竹落語会
11/13 北九州モノレール切符販売
12/1 法学部メンバーによる法律相談教室
12/11-13 北九州モノレール切符販売
12/14 歌劇「ジュリアス・シーザー」
12/19 グァメ試食会
12/20 みやま市物産展
12/27 楓雅によるクラシックコンサート

2009

2/3-4 菊陵中学校職業体験学習・**綿菓子**販売
2/6-7 食市座・**大學丼**・炙り屋じゅうじゅう
3/2 食市祭・楓雅によるクラシックコンサート
3/4 修士論文発表会
3/13 大學堂おもひでぽろぽろ（北九大）
3/14 GONZO-夢sによる太鼓演奏会
3/16 大學堂おもひでぽろぽろ（旦過市場）
3/20 バヌアツ研修旅行報告（四季の丘小学校）
4/1 風雅のバイオリンコンサート
4/1 御歌教室
4/4 歌声喫茶
4/10 **草笛**教室
4/17 中国語講座
4/20 炙り屋じゅうじゅう
4/24 中国語講座
4/27 フルートちょっと教室
5/1 とめの判例研究会
5/1 中国語講座
5/2 田中臣昭による**紙芝居**公演
5/8 草笛教室
5/9 谷本仰の**ヴァイオリン**ライブ
5/19 **カフェペディア**ゲッチョ先生講演
5/20 谷本仰のヴァイオリンライブ
6/1 食市祭重さをあてようイベント
6/6 旦過商店・魚町銀天街共通商品券販売
6/9 みやま市物産展
6/21 田中臣昭による紙芝居公演
7/1 大學堂**1周年ウィーク**
7/1 ちんどんや珍計画
7/2 竹川大介・木下晴子・**シンセ演奏**
7/3 照屋優海 **三線**コンサート
7/4 Duo Dialogues 谷本仰＋フクヤマワタル
7/10 草笛教室
7/17 田中臣昭による紙芝居公演
7/29 BOILER'S・Aogu・Tanimoto・黒田征太郎
8/24 河童の旦平の寺子屋
8/28 河童の旦平の寺子屋
9/2 谷本仰・高岡大祐・弦楽コンサート
10/3-4 なしだまちこ・ギターライブ
10/17 ノーマイカーデー・ペーパークラフト
11/2 食市祭・照屋優海 三線コンサート
11/5 社会調査実習
11/20 オカリナコンサート
11/21 NPOシャプラニール講演会
11/21 今夜上陸。**魔人・奇人・怪人**
12/1 「**大學丼**」公式スタート
12/2 甘いものカフェ
12/8 モーニング営業
12/9 高橋素時・トークライブ「塩」
12/11 ほっこりカフェ
12/14 とめカフェ
12/22 だいすけ画伯イラスト展と即売会
12/24 まりおのクリスマスケーキ販売
12/30 旦過芋ロックフェスティバル Vol.1

2010

1/14 丁さんの**ソルロンタン**食堂
1/15 丁さんのソルロンタン食堂
1/16 第1回市と市場の**写真撮影会**
1/16 丁さんのソルロンタン食堂
1/17 丁さんのソルロンタン食堂
1/18 ほっこりカフェ
1/20 みやま市物産展
1/21 丁さんのソルロンタン食堂
1/22 ほっこりカフェ
1/23 丁さんのソルロンタン食堂
1/24 丁さんのソルロンタン食堂
1/28 丁さんのソルロンタン食堂
1/30 第1回市と市場の写真批評会・展示
1/30 丁さんのソルロンタン食堂
1/30 **恋はもうもく**
1/31 丁さんのソルロンタン食堂
2/4 丁さんのソルロンタン食堂
2/6 韓国day・食市食座・食市祭
2/7 丁さんのソルロンタン食堂
2/12 だいすけ**画伯**のポスター展
2/14 まりおの**生チョコ**講座
2/15 パレスチナ問題を考える会
2/20 みやま市物産展
2/20 丁さんのソルロンタン食堂
2/21 丁さんのソルロンタン食堂
2/24 **ひょうたん人形**展示
2/25 Duo Dialogues 谷本仰＋フクヤマワタル
2/25 丁さんのソルロンタン食堂
2/27 **またぎの猪デー**
2/27-28 丁さんのソルロンタン食堂
3/1 楓雅・コンサート
3/1 宮古島の黒あずきごはん
3/3 ひまわつり
3/4-7 丁さんのソルロンタン食堂
3/7 まりものおえかき教室
3/11-13 丁さんのソルロンタン食堂
3/18 旦過芋ロックフェスティバル Vol.2
3/18 丁さんのソルロンタン食堂
3/18 みやま市物産展
3/20-21 丁さんのソルロンタン食堂
3/21 まりものおえかき教室
3/27 旦過女性専用多目的トイレ完成記念
4/8-11 丁さんのソルロンタン食堂
4/16 のんびり屋
4/17-18 丁さんのソルロンタン食堂
4/20 みやま市物産展
4/22-25 丁さんのソルロンタン食堂
4/23 天然サンゴのお箸置き展
4/24 谷本仰のヴァイオリンライブ
4/27 南洋珈琲しょっぷ
4/30-5/9 丁さんのソルロンタン食堂
5/10 だいすけ画伯、まんが即売会
5/11 南洋珈琲しょっぷ
5/12 色んな魚をおろしてみよう！
5/15 第2回市と市場の写真撮影会
5/15 南洋珈琲しょっぷ
5/17 笛吹童爺・マリンバスケルツォ・ライブ
5/18 南洋珈琲しょっぷ
5/19 おいしいプリンを作ろう！
5/21 みやま市物産展
5/21 **押し寿司**を作ろう！
5/25-26 南洋珈琲しょっぷ
6/1 南洋珈琲しょっぷ
6/5 第2回市と市場の写真批評会・展示
6/5 Duo Dialogues 谷本仰＋フクヤマワタル
6/17 旦過芋ロックフェスティバル Vol.3
6/21 みやま市物産展
6/26 **じんじん**散歩会
6/27 じんじん散歩会
6/28 チョコリンガーズによるムビラ演奏会
7/20 Duo Dialogues 谷本仰＋フクヤマワタル
7/28 みやま市物産展・花火祭り
8/6 ペンギン講座
8/13 **馬頭琴**＆ホーミーライブ
9/16 みやま市物産展
9/25 第3回市と市場の写真撮影会
9/27 たかたん**ゆんたく**（高江の方々）
10/12 谷本仰のヴァイオリンライブ
10/18 黒崎映画館復活PJ講演会
10/20 みやま市物産展
10/23 第3回市と市場の写真批評会・展示
10/26 ジンバブエの民族楽器ムビラライブ
10/27 ジンバブエの民族楽器ムビラライブ
10/30 **出張大學丼**＠筑豊市場
11/1 うたた寝会
11/8 日本のプロスポーツを考える会
11/8 街じゅうアートとパンプーフェスタ
11/15 谷本仰・高岡大祐ライブ
11/15 北九州の街を語る会（プレイベント）
11/19 風の**吟遊詩人**・パウルの歌
11/19 みやま市物産展
11/20 **消しゴム**はんこ職人とめ「ほんこや」
11/22 北九州の街を語る会

11/29 北九州発祥五輪競技：発祥記念祭
12/13 常連さん企画・大根餅即売会
12/20 消しゴムはんこ職人とめ「はんこや」

12/20 「**わたしのおみせ**」オープン

12/20 常連さん企画・大根餅即売会
12/21 消しゴムはんこ職人とめ「はんこや」
12/25 消しゴムはんこ職人とめ「はんこや」
12/27 みやま市物産展
12/27-31 年末商戦・**甘味処**大學堂
12/27 年末転寝会
12/29 消しゴムはんこ職人とめ「はんこや」
12/30 旦過芋ロックフェスティバル Vol.4

2011

1/8 大學堂 de あんだんて
1/15 大學堂 de あんだんて
1/17 新年趣味語り会
1/18 **餅焼き職人**がくる
1/21 みやま市物産展
1/22 ロケット打ち上げパブリックビュー
1/22 大學堂 de あんだんて
1/24 関門北九州パワースポット研究会
1/26 **祝島**のカヤック隊がやってくる！
1/29 読書会
1/29 大學堂 de あんだんて
1/31 全日本卓球選手権スーパープレー集
2/1 おとめはん喫茶
2/2 杵搗きもち火鉢焼き
2/4 大學堂 de あんだんて
2/5 北九州市立大学**留学生**による紙芝居
2/7 りょーまの休日
2/8 塩フェア
2/12 チョコ店
2/12 大學堂 de あんだんて
2/18 twitter な日
2/19 焼く日
2/19 大學堂 de あんだんて
2/20 食市食座 **貫ぼたん**鍋
2/21 みやま市物産展
2/21 りょーまの休日
2/21 みやま市物産展
2/22 おとめはん喫茶
2/23 **とうがらし**フェア
2/25 たかたん街角上映会
2/26 大學堂 de あんだんて
2/28 りょーまの休日
2/28 燻製の日
3/1 ブルースハープ即売会
3/4 お気持ちクッキーの日
3/5 お気持ちぜんざいの日
3/5 大學堂 de あんだんて
3/9 たかたんまちかど上映会
3/12 チョコな日 part2
3/12 大學堂 de あんだんて
3/14 チョコな日 part3
3/14 東日本大震災義援募金会
3/15 たかたんまちかど上映会
3/19 たかたんまちかど上映会
3/19 **山頭火**の日
3/22 みやま市物産展
3/26 大學堂 de あんだんて
3/26 飲み物研究日
4/2 大學堂 de あんだんて
4/12 考「**原子力**」茶屋
4/20 みやま市物産展
4/24 **漆喰祭**
4/28-29 「**屋根裏博物館**」内覧会
5/20 大學堂 de あんだんて
6/7 北九州の観光を考える会
6/8 水曜キャフェテリヤ。
6/11 西川みあチャリライブ
6/13 黒豆みその日
6/15 水曜キャフェテリヤ。
6/16 we love 小倉「**朝会**」開催
6/20 みやま市物産展
6/21 ミニドーム講習会
6/29 kimiko ライブ・中島香春
7/6 こんふのマッサージ屋さん
7/6 水曜キャフェテリヤ。
7/11 石垣島「まぁじゅんのチーズ工房」の日
7/13 水曜キャフェテリヤ。
7/16 **手芸部**の日
7/16 東北地震災害ボランティア報告
7/20 みやま市物産展
7/23 ふゆの座菓子店
7/23 水俣・天の茶屋
7/27 kimiko ライブ・シュークリーム
7/27 水曜キャフェテリヤ。
7/29 「**本**の日」後藤文朝カワセミとヤマセミ
8/9 Duo Dialogues 谷本仰＋フクヤマワタル
8/10-10/10『紫川大図鑑』出版記念「**紫龍展**」
8/17 水曜キャフェテリヤ。
8/24 水曜キャフェテリヤ。
8/27 手芸部活動日
8/29 「本の日」ひと箱古本市

8/29 おろちの「本の日」
8/31 水曜キャフェテリヤ。
9/1 あぐりの台所
9/7 水曜キャフェテリヤ。
9/15 みうさんギターの日
9/17 あぐりの台所
9/20 みやま市物産展
9/24 手芸部活動日
9/28 kimiko ライブ・Lull
9/28 Bell Cafe 多国籍ランチ
9/29 「本の日」紫龍展『紫川大図鑑』特集
10/1 「紫龍展」エコライフステージ
10/5 秋の保温とフランス
10/12 フェアトレードのはなし 大田美保
10/14 **ソーセージ作家**・河瀬一貴
10/21 みやま市物産展
10/22 タバの新作発表会
10/22 Duo Dialogues 谷本仰＋フクヤマワタル
10/24 どこでも紙版画
10/25 kimiko ライブ
10/26 「原子力の日」東海村境界事故を観る
10/26 保温とフランスの日（エステ講座）
10/26 秋の保温と高田町
10/28-29 「本の日」野鳥写真展
11/4 続・考「原子力」茶屋 ゲスト・冨田貴史
11/9 「ミツバチの羽音と地球の回転」試写会
11/14 谷本仰ソロライブ
11/14 Bell Cafe 多国籍ランチ
11/19 日高敏隆三回忌**追悼展**
11/19 かえるさんライブ
11/21 あぐりの台所
11/21 手芸部活動日
11/30 kimiko ライブ・シュークリーム
12/6 **薩摩琵琶**ライブ・後藤幸浩・水島結子
12/14 **アイリッシュ**音楽・町田佳菜子
12/17 「本の日」梶川・祭りの写真展
12/19-21 あぐりの台所
12/20 Bell Cafe **多国籍**ランチ
12/21 みやま市物産展 とめのはんこ教室
12/24 あぐりの台所
12/26-31 年末商戦・**甘味処**大學堂
12/28 **紙版画師**・愉道夫博斎による版画教室

2012

1/11 保温とフランスの日（エステ講座）
1/16 ナマコロック＋赤嶺淳**ナマコ**講義
11/18 保温とフランスの日（エステ講座）
1/20 Bell Cafe 多国籍ランチ
1/28 沖縄スイーツの日
1/31-2/1 菊陵中学校**職場体験学習**
2/3 水曜キャフェテリヤ。
2/10 水曜キャフェテリヤ。
2/14 屋根裏カフェ・オープン
2/17-18 **アイヌ工芸**作品展・押野朱美ほか
2/19 食市食座 貫ぼたん鍋（イノシシ鍋）
2/25 みやま市物産展
2/27 手芸部活動日
2/29 Bell Cafe 多国籍ランチ
3/3 シュークリームのひなまつりライブ
3/13 アイリッシュパブかなんとこんばんどん
3/24 沖縄の日
3/26 Duo Dialogues 谷本仰＋フクヤマワタル
4/9-10 山野草茶屋
4/13 チーズケーキ
4/13 岡田八目先生へぼ囲碁教室
4/16 山野草茶屋
4/18 Bell Cafe 多国籍ランチ
4/20 あんばんの日
4/20 みやま市物産展
4/21 沖縄スイーツ
4/23 ダイガクキャフェテリヤ
4/24 山野草茶屋
4/25 実践デザイン教室
4/27 山野草茶屋
5/8 山野草茶屋
5/11 チョコパンの日
5/12 シュークリーム・ライブ
5/12 トランプ喫茶
5/15 山野草茶屋
5/18 あんばんの日
5/19 みやま市物産展
5/21 旦過芋ロックフェスティバル Vol.6
5/22 山野草茶屋
5/23 本因坊昭・岡田八目先生 vs キャサリン
5/29 山野草茶屋
6/5 山野草茶屋
6/8 トランプ喫茶
6/12 山野草茶屋
6/12 マッサージの日
6/15 Bell Cafe 多国籍ランチ
6/16 不定愁訴 奥村沙郁＋坂本次郎ライブ
6/19 山野草茶屋
6/19 マッサージの日
6/20 みやま市物産展
6/22 トランプ喫茶

6/23　沖縄スイーツの日
6/25　八女の極上**新茶**の日
6/26　山野草茶屋
7/3　山野草茶屋
7/6　トランプ喫茶
7/7　大學堂 **4周年**「織り姫と彦星」
7/10　山野草茶屋
7/14　マッサージの日
7/17　山野草茶屋
7/17　みやま市物産展
7/21　山野草茶屋
7/21　マッサージの日
7/24　タイムスリップライブ
7/28　マッサージの日
8/7　マッサージの日
8/13　Duo Dialogues 谷本仰＋フクヤマワタル
8/18　第1回 **じろうカレー**の日
8/20　みやま市物産展
8/21　マッサージの日
8/28　マッサージの日
9/4　マッサージの日
9/11　マッサージの日
9/18　マッサージの日
9/21　みやま市物産展
9/25　マッサージの日
9/29　第2回じろうカレーの日
10/15　Duo Dialogues 谷本仰＋フクヤマワタル
10/20　みやま市物産展
10/20-21　飲み物販売
11/18　合格芋販売開始
11/20　Duo Dialogues 谷本仰＋フクヤマワタル
11/20　みやま市物産展
12/1　シュークリームのライブ
12/7-8　本の日「久野雅章写真展」
12/15　アルパカのライブ
12/19　**シンガー店長**☆子の音樂堂
12/21　みやま市物産展
12/27-31　年末商戦・大衆演劇 **「神嶽一座」**

2013
1/15　新春芋ロックフェスティバル Vol.7
1/21　みやま市物産展
2/10　軽トラ市 (in 勝山公園)
2/12　シンガー店長☆子の音樂堂
2/20　みやま市物産展
2/23　エロマンガ島報告会
3/22　みやま市物産展
3/25　将棋の日
4/6　シュークリームの音楽ライブ
4/14　アイリッシュパブかなんとこんばんどん
4/20　みやま市物産展
4/22　Duo Dialogues 谷本仰＋フクヤマワタル
4/27　ひじゅの**将棋の日**
5/13-6/1　「極北の狩猟民・**カスカ展**」
5/18　ワークショップ「ビーズ刺編」
5/20　ひじゅの将棋の日
6/1　**狩猟**シンポジウム「狩猟生活の世界」
6/10　**将棋処「香車」**スタート
6/11　暗黒舞踏家 藤枝虫丸 × 谷本仰ライブ
6/15　サラワクわくわく Day
6/16　路上観察学会
6/20　将棋の日「旦過グランドチャンピオン杯」
6/21　みやま市物産展
6/23　かなんとこんばんどんフェアウェルライブ
6/30　将棋の日「旦過グランドチャンピオン杯」
7/7　大學堂 **5周年**「おもひで時間旅行」
7/7　メデューのパン屋さん
7/7　**おもひで写真**展示
7/10　将棋の日「宮本商店杯」
7/20　将棋の日「宮本商店杯」
7/20　みやま市物産展
7/30　将棋の日「宮本商店杯」
7/31-8/13　子どもたちの笑顔展「カンボジアの農村」
8/10　将棋の日
8/20　将棋の日
8/20　みやま市物産展
8/30　将棋の日
9/10　将棋の日「かしわ屋くろせ杯」
9/20　将棋の日「かしわ屋くろせ杯」
9/20　みやま市物産展
9/30　将棋の日「かしわ屋くろせ杯」
10/8　PANDA AUTUMN BREAK IN KYUSHU
10/10　将棋の日
10/16　PANDA DISCOVER FUKUOKA WEEKENDER
10/20　みやま市物産展
10/21　将棋の日
10/25　PANDA DISCOVER FUKUOKA WEEKENDER
10/30　将棋の日
11/10　将棋の日
11/20　みやま市物産展
11/21　将棋の日
11/30　みやま市物産展
12/1-1/1　**学位請求論文**執筆公開ライブ
12/2-7　**Art+Live** ～想いあふれる作品たち
12/10　将棋の日「師走の旦過特別杯」

12/14　シュークリームの音楽ライブ
12/20　将棋の日「師走の旦過特別杯」
12/21　旦過朝市
12/21　合馬門松を売る！
12/27-31　年末商戦
12/30　将棋の日「師走の旦過特別杯」

2014
1/1-11　**孫次凧**展示販売
1/10　みやま市物産展
1/20　将棋の日
1/30　将棋の日
2/4　菊陵中学校の職場体験学習の日
2/6　**海旅一座**講演「海から賜ったもの」
2/7　金曜日の**カレーちゃん**
2/10　将棋の日「肉の勉強屋さん」
2/14　金曜日のカレーちゃん
2/18　Duo Dialogues 谷本仰＋フクヤマワタル
2/20　将棋の日「肉の勉強屋さん」
2/21　みやま市物産展
2/21　金曜日のカレーちゃん
2/28　将棋の日「肉の勉強屋さん」
2/28　金曜日のカレーちゃん
3/3-5/10　**よしこ展**「よしこさんと七色の花」
3/7　金曜日のカレーちゃん
3/8　シュークリームの音楽ライブ
3/10　将棋の日「村上商店杯」
3/14　「船江恒平**プロの指導**対局」
3/14　金曜日のカレーちゃん
3/20　将棋の日「村上商店杯」
3/20　みやま市物産展
3/30　将棋の日「村上商店杯」
4/4　金曜日のカレーちゃん
4/10　将棋の日「玉頡鮮魚店杯」
4/11　金曜日のカレーちゃん
4/18　将棋の日「玉頡鮮魚店杯」
4/20　みやま市物産展
4/22　金曜日のカレーちゃん
4/25　金曜日のカレーちゃん
4/30　将棋の日「玉頡鮮魚店杯」
5/5-10　孫次凧展示販売
5/10　将棋の日「旦過うどん杯」
5/13　鼻歌店長のウクレレの日
5/16　金曜日のカレーちゃん
5/20　将棋の日「旦過うどん杯」
5/27　みやま市物産展
5/30　将棋の日「旦過うどん杯」
6/8　将棋の日「グランドチャンピオン杯」
6/13　**インド音楽**ライブ・武藤景介ほか
6/18　将棋の日「グランドチャンピオン杯」
6/20　金曜日のカレーちゃん
6/28　将棋の日「グランドチャンピオン杯」
6/30　みやま市物産展
7/7　大學堂 **6周年**「特別デモ」
7/8　将棋の日「米夢杯」
7/18　将棋の日「米夢杯」
7/22　将棋の日「米夢杯」
7/28　将棋の日「米夢杯」
8/8　将棋の日「今井商店杯」
8/8　将棋の日「今井商店杯」
8/20-23　**非公式**物産展
8/25　みやま市物産展
8/28　将棋の日「今井商店杯」
9/8　将棋の日「小倉かまぼこ杯」
9/18　将棋の日「小倉かまぼこ杯」
9/20　みやま市物産展
9/28　将棋の日「小倉かまぼこ杯」
10/8　将棋の日「かしわ屋くろせ杯」
10/18　将棋の日「かしわ屋くろせ杯」
10/20　みやま市物産展
10/28　将棋の日「かしわ屋くろせ杯」
10/30　手芸部
11/1　シュークリーム音楽ライブ
11/8　将棋の日「村上商店杯」

11/15　たんたんマルシェ
11/18　将棋の日「村上商店杯」
11/20　みやま市物産展
11/21　平魚泳の音楽ライブ
11/25　アイリッシュパブかなんとこんばんどん
11/28　将棋の日「村上商店杯」
11/29　たんたんマルシェ
12/8　将棋の日「師走の旦過特別杯」
12/11　Duo Dialogues 谷本仰＋フクヤマワタル
12/13　たんたんマルシェ
12/15-1/8　孫次凧展示販売
12/18　将棋の日「師走の旦過特別杯」
12/20　京築
12/23　コールユーフォニーの音楽ライブ
12/25-31　年末商戦・甘味処大學堂
12/28　将棋の日「師走の旦過特別杯」

2015
1/8　将棋の日「奥田精肉店杯」
1/10　たんたんマルシェ
1/18　将棋の日「奥田精肉店杯」
1/20　みやま市物産展

1/24　たんたんマルシェ
1/28　将棋の日「奥田精肉店杯」
2/6-8　旦過朝市
2/17　将棋の日「玉頡鮮魚店杯」
2/17　アイリッシュパブかなんとこんばんどん
2/18　将棋の日「玉頡鮮魚店杯」
2/20　みやま市物産展
2/21　シュークリーム音楽ライブ
2/28　**織**のワークショップと堀祥子個展
2/28　将棋の日「玉頡鮮魚店杯」
3/1　織のワークショップ
3/1-3　堀祥子個展
3/7　**魚部のポンカン**販売
3/8　将棋の日「チーズ饅頭杯」
3/19　将棋の日「チーズ饅頭杯」
3/20　みやま市物産展
3/28　将棋の日「チーズ饅頭杯」
4/1　食市祭
4/9　将棋の日「チーズはんぺん杯」
4/11　ホーメイ・ライブ「南シベリアの音色」
4/18　将棋の日「チーズはんぺん杯」
4/20　みやま市物産展
4/28　将棋の日「チーズはんぺん杯」
5/8　将棋の日「木下茶舗の新茶杯」
5/11　アイリッシュパブかなんとこんばんどん
5/18　将棋の日「木下茶舗の新茶杯」
5/23　たんたんマルシェ（ちりめんじゃこ）
5/23　みやま市物産展
5/28　将棋の日「木下茶舗の新茶杯」
6/6　アイリッシュの日「Dance Dance Tanga」
6/8　将棋の日
6/18　将棋の日
6/18　たんたんマルシェ（七夕の飾りを切り紙）
6/27　最高峰の蜂蜜販売
6/28　将棋の日
7/4　アイリッシュの日「Dance Dance Tanga」
7/6　平田達彦ライブ
7/7　大學堂 **7周年** 記念日
7/9　将棋の日
7/9-11　**和韓**融合食品フェア
7/18　将棋の日 **小倉高校** 将棋部来る！
7/24　市場的白熱教室「朝鮮地名研究講義」
7/25　たんたんマルシェ
7/28　将棋の日「マヨネーズ作り」
8/1　アイリッシュパブかなんとこんばんどん
8/8　**「ホーメイ横町」** 松尾容子ライブ
8/8　将棋の日
8/18　将棋の日
8/20　みやま市物産展
8/22　たんたんマルシェ（魚部とあそぶ）
8/28　将棋の日
9/5　アイリッシュパブかなんとこんばんどん
9/8　将棋の日
9/18　将棋の日
9/19　みやま市物産展
9/26　たんたんマルシェ（音遊び）
9/28　将棋の日
10/3　平田達彦ライブ
10/3　アイリッシュパブかなんとこんばんどん
10/8　将棋の日
10/10　山作戦「ライヴ」
10/13　**マコンデ族**ライブ
10/17　将棋の日
10/18　将棋の日
10/19　塙狼星の **耳なし芳一**
10/24　たんたんマルシェ（秋桜／御引手紙）
10/29　将棋の日
11/7　アイリッシュパブかなんとこんばんどん
11/8　将棋の日
11/8　**ニホンミツバチ** 蜂蜜を販売
11/19　将棋の日
11/21　みやま市物産展
11/21　喜多屋の **行商**
11/21　「ホーメイ横町」松尾容子ライブ
11/28　将棋の日
11/28　たんたんマルシェ（毛糸のボンボン作り）
12/1　蜂蜜販売
12/5　アイリッシュパブかなんとこんばんどん
12/8　将棋の日
12/11　孫次凧販売開始
12/12　喜多風屋の行商
12/18　将棋の日 第2回倉高生きたる
12/26　たんたんマルシェ（消しゴムはんこ）
12/27-31　**年末商戦**・甘味処大學堂
12/28　将棋の日
12/31　シュークリームライブ

2016
1/8　将棋の日
1/9　アイリッシュパブかなんとこんばんどん
1/16　喜多風屋の行商
1/18　将棋の日
1/28　将棋の日
1/30　たんたんマルシェ（塩作り）
2/6　みやま市物産展
2/6　アイリッシュパブかなんとこんばんどん

2/8　将棋の日
2/18　将棋の日
2/20　みやま市物産展
2/24　古藤あずさ **卒論** 発表会
2/27　たんたんマルシェ（**お雛様**に変身）
2/28　将棋の日
2/28　BGeneration live
3/4-5　あぐりの行商
3/5　アイリッシュパブかなんとこんばんどん
3/8　将棋の日
3/12　喜多風屋の行商
3/18　将棋の日
3/25　堀祥子プラバン・ワークショップ
3/26　たんたんマルシェ
3/27　ニードルフェルト・ワークショップ
3/28　将棋の日
4/2　アイリッシュパブかなんとこんばんどん
4/8　将棋の日
4/19　市場の **達人講座**（颯王水産・魚）
4/23　たんたんマルシェ（大學丼について）
4/28　将棋の日
5/7　アイリッシュパブかなんとこんばんどん
5/8　将棋の日
5/14　喜多風屋の行商
5/14　カニコーセン live
5/17　市場の達人講座（亀甲屋・乾物）
5/19　将棋の日
5/28　たんたんマルシェ（作って遊ぼう）
6/4　アイリッシュパブかなんとこんばんどん
6/4　**台南楽活**（ルーロンハンと台湾雑貨）
6/9　将棋の日
6/18　将棋の日
6/21　市場の達人講座（やまいち・じんだ煮）
6/25　たんたんマルシェ（動物園の秘密）
6/28　将棋の日
7/7　大學堂 **8周年「スイーツ」** 総選挙
7/7　サイモン **か** ガーファンクル・ライブ
7/8　将棋の日
7/15　平田達彦ライブ
7/18　将棋の日
7/19　市場の達人講座（くじら岡崎・ハリハリ鍋）
7/22　みやま市物産展
7/23　たんたんマルシェ（魚部とあそぶ）
7/28　将棋の日
8/8　将棋の日
8/16　筒井時政の花火販売
8/18　将棋の日
8/27　たんたんマルシェ（手作りマヨネーズ）
8/28　将棋の日
9/8　将棋の日
9/18　将棋の日
9/24　たんたんマルシェ（親子で手芸入門）
9/29　将棋の日
9/30　秋の「ホーメイ横町」
10/8　将棋の日
10/14　**JKT48** 来る
10/18　将棋の日
10/17　記録映画「人情噺の福団治」**試写会**
10/22　たんたんマルシェ（南の島の子育て）
10/24　丘リーナ・オカリナライブ
10/25　市場の達人講座（颯王水産ふたたび）
10/28　将棋の日
11/8　将棋の日
11/5-13　ハリウッド **映画大學堂ロケ**
11/13　**「水辺のまちづくり」** シンポ
11/15　市場の達人講座（蒲鉾やすの・鱧カマボコ）
11/18　将棋の日
11/26　たんたんマルシェ（新鮮！フルーツ大福）
11/28　将棋の日
12/1　大九州和蜂蜜・販売開始
12/8　将棋の日
12/18　最後の将棋の日
12/24　たんたんマルシェ（クリスマス）
12/27-31　年末商戦・甘味処大學堂

2017
1/14　**即興演劇** モザイクス
1/24　市場の達人講座（とぎ龍・刃物のとぎかた）
1/28　たんたんマルシェ（海から塩をいただく）
2/4　ホーメイ横町
2/6-7　菊陵中学校の職場体験学習の日
2/21　市場の達人講座（江里口・野菜主義）
2/25　たんたんマルシェ（音楽で遊ぼう）
3/21　市場の達人講座番外編（蜜蝋作り）
3/25　たんたんマルシェ（ニードルフェルト）

実近修平と石村行のチョコリンガーズ　　ジンバブエの楽器ムビラは神様との電話だ

神様の電話
六月二八日(月) 大學堂
MBIRA Chokoringers

武藤景介, 金子ユキ, カネコテツヤによるインド音楽

倍音の響き野生の衝動・ホーメイ横丁

Indian classical music in 北九州

6/13 (金)
武藤景介(シタール)
金子ユキ(ヴァイオリン)
カネコテツヤ(パカーワジ)

■会場： 大學堂　福岡県北九州市小倉北区魚町4-4-20 旦過市場
　　　　080-6458-1184（水・日・祝日を除く）
　　　　アクセス：北九州モノレール旦過駅より徒歩2分

■開場 18：30 / 開演 19：00

■料金：前売 2,000円 学割 1,500円 (1drink 込み)
　　　　当日 2,500円 学割 2,000円 (1drink 込み)

■予約：電話 070-5400-4867 (担当 星子)
　　　　メール mogumogu877jp@yahoo.co.jp
　　　　（名前、人数、一般か学生を記載して上記アドレスまで）

■大学堂：www.daigakudo.net
■旦過市場：http://tangaichiba.jp

Nagesen Xөөмей LIVE
тосдээр
Matsuo Yoko
Tanimoto Aogu
2015/4/11 18:00 start
at Tanga Daugakudo
大學堂
倍音の響き 野生の衝動

イサル・魔人幻一郎による伝説のパフォーマンスでは居合抜きがおこなわれた。それはまるで池田屋事件の新撰組を思わせる迫力で，狭い大學堂の中に白刃が光り観客を震え上がらせた。

ライブというのは今ここにしかない瞬間の表現である。市場のシャッターをふるわせて共鳴する音や，たまたま，立ちよった人々が目撃したときの驚きが，予定調和に終わらないライブの楽しみなのだ。

■ 4.2　屋根裏博物館

2階の屋根裏博物館は，チケット制のイベントや展示のギャラリーとして使われることが多い。

有松由衣と濱本拓磨による「屋根裏博物館完成」展がこけら落としとなり，竹川大介による「紫川の龍」展，門馬一平や木下靖らによる大學堂5周年企画「おもひで時間旅行」，大嶋雄治によるアールブリュット展「アート＋ライブ」，山口未花子による「北米狩猟採集民カスカ」展，など野研メンバーの研究発表や表現の場として屋根裏博物館は活用されてきた。

なかでも，門司港の乾物屋で絵を描きためていた巷のアーティスト，長門屋よしこの展覧会「よしこさんと七色の花」は圧巻だった。60歳を過ぎてから絵をはじめた彼女は，毎日何枚もの作品を新しい色紙に描いていく。彼女の作品は長門屋の店内にあふれんばかりに積まれていた。その数百点の絵の中から代表作を選び，屋根裏博物館いっぱいに展示した。

そうした展示の合間をぬい，後藤幸浩，水島結子による琵琶演奏「旦過琵琶納め語り」，洲澤育範，石川仁，鈴木克章らによる「海旅一座」の講演，空堀ことば塾の堝狼星による耳なし芳一朗読，吉柳佳代子ひきいるインプロ集団モザイクスの即興芝居など，講演や演奏，映画の試写会がおこなわれている。

■ 4.3　人と人をつなぐ媒体

対面販売を主とする市場は，多くの人があつまり互いに会話を交わす場である。そうした市場の特性を生かした事業も，それぞれの野研メンバーの起案で多数企画された。

大學堂がスタートした2008年から続いている毎月20日の「みやま市ミニ物産展」は野研メンバーのひとりである中尾一徳が，手弁当でおこなっている人気の企画である。初回の物産展では高田町渡瀬地区より祇園祭の山車として使われる大蛇山を大型トラックで運び大學堂に奉納して市場に来た人々を驚かせた。ハゼの実からつくられた和ロウソクや，クスノキからつくられた樟脳，日本で3社しか残っていない国産線香花火など，江戸時代に長崎から伝わった化学技術に起源を持つみやま市の伝統産品を大學堂にならべている。

写真部だった中原藍が企画した「街と市場の写真撮影会」は，旦過市場全体をモデルにした撮影会と，撮った写真の大學堂での展示がセットになったイベントだった。市場の人たちにはあらかじめ撮影会の連絡がまわっているので，腕章をつけた参加者たちは，市場を堂々と撮影することができる。さらに撮った写真が大學堂に展示され賞もあたえられる。2010年度中に3回実施され，アマチュアカメラマンたちの人気の企画となった。

卒論で各地の伝統凧をつくる人々を取材した東亜紀は，戸畑の凧職人である竹内義博と出会い，その縁で孫次凧展示販売を企画した。それ以来，年末の大學堂には色とりどりの凧がにぎやかに飾られる。

将棋好きの白濱美南子は2013年に将棋処「香車」をたちあげその席主となった。毎月3回8のつく日に大學堂でひらかれる「旦過杯」

屋根裏博物館でおこなわれた紫龍展

大學堂5周年イベント「おもひで時間旅行」

博士がタイムマシンのスイッチに手をかけると！

5年前の大學堂ではなく
50年前の北九州へタイムスリップ

北米狩猟採集民カスカについて語る山口未花子

大嶋雄治が企画したアールブリュット展「アート＋ライブ」

旦過琵琶納め語り

年末降霊

降霊の後はきちんと直会を

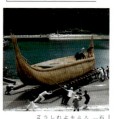
海から賜ったもの

カムナ葦船プロジェクト
海旅一座がやってきた

大學堂の2階にオルガンを上げる

インプロ集団モザイクスの即興芝居

蒲鉾やすのが教えてくれる雛かまぼこ

颯王水産が教えてくれる魚のさばきかた

やまいちのジンダ煮講座

とぎ龍が教えてくれる刃物とぎの秘訣

くじらの岡崎がつくるハリハリ鍋

やおやの清志郎がやってきた

亀甲屋が教えてくれる究極のだし

には北九州の将棋好きがあつまった。ただ将棋大会をするだけではなく市場とのつながりを重視し、賞品としてスポンサーである市場のお店から最高の食材が提供された。旦過杯の効果で、大學堂の周辺は毎日夕方になると自然発生的に縁台将棋がおこなわれるようになった。大學堂で飲み物を頼み閉店まで将棋を指す、そんな風景が旦過市場の日常となった。将棋処「香車」では、時には小学生も参加し、小倉高校将棋部との対戦などの特別イベントもひらかれた。2014年3月14日には、プロ棋士船江恒平を招待し、多面打ちの指導対局がおこなわれた。この時のことは今でも旦過の店主の間で語り草となっている。

初期からのメンバーである命婦恭子は、西南女学院大学短期大学部保育科の教員となり、2014年に子育て支援のための新しい試みとして、大學堂と市場を活用したソーシャル・スキル・トレーニング・プログラムを提案した。このプログラムは「たんたんマルシェ」と名づけられ、毎月1回実施されている。「たんたんマルシェ」はさまざまな分野の専門家による講演やワークショップと、親子で市場に出て買い物をするお昼ご飯の大學丼とで構成されている。対面的なコミュニケーションを身近に体験できる市場を、ひとつの実践現場と考え、講座を通じて自然なかたちでソーシャルスキルの修得を促進するプログラムである。

2016年には市場の店主が食に関するワークショップをおこなう「市場の達人講座」が企画された。猪股萌らが中心となって、鮮魚、乾物、鯨肉、練物、野菜、包丁研ぎなど、長年市場で仕事をしている専門店の店主に講演を依頼し参加者を募った。品物をみる目やおいしい食べかたなど、多くの知識を持っている身近な達人たちに光を当て、市場の潜在力がいかんなく発揮された人気の企画であった。この「市場の達人講座」は2017年には北九州市立大学の公開講座に引き継がれた。

5 旦過市場とのさらに深いかかわり

最近の学生たちをとりまくライフスタイルは、能動的なものから受動的なものへと急速にシフトしてきている。消費系オタクはその典型である。彼らはアルバイトをしないとお金がないといいながら、一方で、好きなアイドルやゲームに多額のお金をみつぐ。

広告手法の研究により大手企業の販売戦略はますます巧みになり、人々を消費へとうながすノウハウは進歩している。他人が与えてくれるものに過敏に反応し、消費させられることにすっかり慣れてしまった学生の意識を、自分からものを創造し、その魅力を他人に伝える側へと逆転するためには、企業のノウハウに対抗できるくらいの、主体的な学びと戦略的な手法を考えなければならない。

大學堂では全員が店長である。自分の裁量で、ものを創り、ものを売り、イベントを企画する。どんなに規模は小さくても、この方向性の違いには決定的な意義があると考えている。

この章で紹介したさまざまな実践を通して、学生たちは市場とのかかわりを深め、対人的な経験を重ねながら思考力を鍛えている。大學堂というひとつのしかけによって、学生と市場が互いにプラスの影響をあたえあう相乗作用がこにもおきている。学生たちも変わっていくが、市場も変わっていくのである。

これまでの8年間をみても、旦過市場を取り巻く状況は変化しており、大學堂もすでにそう

これは昔の大學堂？

これは2016年11月6日の大學堂です

旦過市場にハリウッド映画の撮影隊がやってきた

市場の店主もエキストラ

店舗もそのままセットになる
大學堂はうどん屋さんに

市場全体がハリウッド映画の
撮影場になった

2009年7月24日神嶽川が氾濫した

床下浸水した大學堂

水辺のまちづくりシンポジウム

旦過市場商店街会長、森尾和則の挨拶

北九州市立大学学長、近藤倫明の挨拶

市場は街の文化資源だ！これはどこの国の市場かな？

こたえは21ページに

した市場の新しい歴史の中で一定の役割を担うようなってきた。大學堂ができたことで、市場をメディアがとりあげる頻度が増えた。同業者が多い市場の中で、特定の個店をとりあげるかたちの取材は難しくても、大学生が運営し中立的な存在である大學堂を窓口に紹介するという取材企画はたてやすい。

そして、もともと市民の台所であり古いイメージだった旦過市場が、大學堂を通じて外からの新しい視線をとりいれ、貴重で懐かしいイメージに変わりつつある。地元九州の新鮮な魚や野菜が手にはいる知る人ぞ知る穴場として市場が再発見され、知名度も上がってきた。

さらに古くからアジアへの窓口である北部九州は、国際的な観光拠点のひとつになっており、ここ数年、海外からの観光客が急増している。韓国や中国・台湾のみならずタイ・ベトナム・マレーシアなどのアジア諸国、北欧や東欧からの訪問者も多い。市場観光は世界的な旅行トレンドのひとつであり、大學堂や旦過市場は、海外の旅行雑誌や観光ブログなどで、日本を代表する旅の拠点として紹介されている。

また、北九州フィルムコミッションとの連携で、映画やテレビドラマのロケの依頼も増加した。昭和のイメージを残す旦過市場や、1920年代の設定で内装された大學堂は、とくにセットを用意しなくてもロケに使えるという利点がある。2016年には「The Outsider」というハリウッド映画の大がかりな撮影があり、大學堂も舞台のひとつとして使われた。

こうしたなかで、2009年と2010年の水害をきっかけに、市場の再整備の話がおきている。市場の再開発については、これまでも何度か話に上がっていたが、川端と呼ばれる河川上部分の店舗への補償などの問題で、その都度立ち消えになってきたという経緯がある。今回の試案もそうした合意形成が、大きな懸案となっている。

旦過市場が今のかたちで賑わいを形成しているのは、長年かけてつくられた個々の店舗と常連客との関係が背景にある。せっかく店舗をつくりかえても、店主が替わってしまっては元も子もない。そもそもそれでは合意形成すらおぼつかない。今の旦過の独特な雰囲気をできるだけ残したいという思いは、店主や観光客だけでなく普段から市場を利用する市民の中にも根強い。

そこでわたしたちは、研究者の立場から旦過市場に対して力になれないかと考えた。これは日ごろからお世話になっている市場の人々への恩返しでもある。

2016年11月13日に、ミズベリングin旦過市場・北九州市立大学創立70周年記念事業として「城下町小倉と旦過市場をめぐる水辺のまちづくりを考える」という公開シンポジウムをひらいた。

シンポジウムでは旦過市場の会長と北九州市立大学の学長のあいさつのあと、再整備事業を代表して市場の店主である黒瀬善裕が現状の説明をし、歴史の視点から竹川大介、都市景観の視点から藤原惠洋、観光や文化財の視点から梶原宏之、国土交通省が関わるミズベリングプロジェクトの視点から田中里佳、水利環境の視点から淺枝隆がそれぞれ講演をした。

都市における水辺空間の利用や、国際的な観光資源、文化財としての歴史的な価値づけなど、旦過市場の価値を多角的に再評価することで、旦過の独自性を示し、現在のよさを損なうことなく、今後の整備のための指針や、合意形成のためのアイデアがシンポジウムでは提案された。

市場都市北九州の調査からはじまったわたしたちのとりくみによって、日本中どこにでもあるような商業施設再開発とはまったく異なる、歴史や風土を踏まえたいわば旦過メソッドによる街づくりにつながってほしいと願っている。

第5章
フィールドワークによる学びが持つ力

　本来フィールドワークとは調査のための方法論をさし、それ自体が目的になるものではない。同様に九州フィールドワーク研究会という名称も、フィールドワーク「で」なにかの研究をするあつまりなのか、フィールドワーク自体「を」研究するあつまりなのか、そのあたりは気になるところだが、あえて曖昧に考えている。

　学生にとっての入口は、まずはフィールドワークそのものに興味があるというのでかまわない気がする。この最後の第5章ではフィールドワークと学びの関係についてまとめ、フィールドワークが持つ可能性について論じておきたい。

1　目的をさだめない相互交渉

　第3章で述べたようにフィールドワークによる学びと、昨今はやりの「学生による社会活動」にはいくつかの相違点があった。目的や自主性という言葉の使いかたにその違いが典型的にあらわれる。

　就職のための実績づくりや、単位を得るための制度によって活動を外発的に動機づけしても、それでは学生たちは他者からあたえられたものをもとめるばかりで、個人の能力である交渉力や自主性は育ちにくい。インセンティブによる活動は、終始、目的のための活動、さらにいえば活動のための活動に陥りがちである。

　社会の役に立ちたい従順な学生たちの願望と、そんな学生たちを安易に利用したい大人たちの願望が一致すると、互いの見返りをもとめる共犯関係が成立する。ボランティアとよばれる活動には、常にそんな不純な関係がつきまと

う。さらにそれがあたりまえになり、学生による社会活動に対してそんなイメージばかり固定するのは、すでに弊害ですらある。そもそも無私で自発的な美徳という概念自体、どこか矛盾したものなのだ。

　一方で内発的なモチベーションによって生まれた活動は、活動が活動で終わることなく、常にその先にあるみえないゴールをめざしている。つまりここでいう「活動がなにか別の目的になっていない」とは、必ずしも目的がないという意味ではなく、活動によって目的が常に変化していくという意味だと理解してほしい。

　第2章の最後では、こうした活動における社会性は、むしろ活動の「副産物」から生まれるものであると述べた。

　「社会彫刻」という概念を提唱した芸術家のヨーゼフ・ボイスは、ひとりひとりが創造性を

持って社会をつくるべきだと主張し「人間のおこなう活動は労働であれ，何であれ，すべて芸術であり，すべての人間は芸術家である」という言葉を残している。

あらかじめ用意されたシステムによって組織を動かすのではなく，その場その場の相互交渉によって個人が動くフィールドワークもまた，ルールが不明な未知の世界から，新しいルールをみつけだすという点で，彼のいう芸術や創造性と親和性がある。

そして，学問や社会活動を単位や就職などの目的にしないということは，自分の人生そのものを生きることの目的にしないという，さらに深い哲学につながるだろう。あらかじめ用意されたなにかのために生きるのではなく，今ある状況の中から最善の道を探りながら前に進むこと，つまりフィールドでの経験は，社会との関係性のみならず自分自身の生き方すら変えてしまうものなのだ。

2 状況論的な臨機応変

いわゆる状況論的な学びは「深い学び」とよばれ，その意義や重要性が再評価されている。あらかじめプログラムされている手順にそって，分岐されたタスクを選びながら進めるというこれまでの電算処理に対し，多量なデータをもとにみずから規則や法則性をみつけだすという「ディープラーニング」の発想は人工知能のブレイクスルーをおこしている。

またリチャード・ドーキンスのいう「盲目の時計職人」による生物の進化や，神経レベルでの大脳の学習も同様に，そうしたゴールのない試行錯誤によって複雑高度化していることがわかっている。

その一方で，近代社会におけるマニュアル化やシナリオ化は，かつてないほどに進んでいる。だれでも安易に修得できる技術がもてはやされ，管理された情報が重視され，逸脱や例外に対して厳しい目がむけられる。

状況よりも制度に依存し，偶発的なアドリブに弱いという今の時代の特性は，すでに若い世代に限らず，すべての世代に広がっている。均質化が進みアドリブが評価されにくい社会の中で育ってきた教育者が，アドリブが苦手な学生たちにマニュアルを使って教えているのが今の日本の現状である。

しかしフィールドワークの現場では，そんなことをいってはいられない。文化の異なる社会にいきなり放り込まれ，そこに住んでいる人たちと折り合いをつけながら自分の立ち位置をつくっていかなければならないからだ。そこには常に新しい「状況」が生まれ，そうした「状況」の中で，思考や学びが深まる。

大変なようにみえるが，状況に応じて変化できるこのシステムは結果的にコストも少ない。すべての状況をあらかじめ想定し，それに対して万全の準備をしておく必要がないからだ。ある程度の枠組みを準備し，そのつど最善の選択をくりかえすことで，結果的に最小の投資から最大の効果を期待することができる。

こうした1回限りの状況を教育の現場で再現したり，アドリブ性を一定の指標で評価するのはたやすいことではないが，なにかをあたえるのではなく，なにかをつくることが教育の役割と考えれば，おのずからやりかたは見えてくるだろう。

さて，この本を書きながらひとつ気づいたことがある。石垣島で最初の調査をはじめたのは

1989年，そしてサンゴ礁自然再生事業がスタートしたのは2005年。この間16年。天幕大学が1999年，イギリスでジオデシックドームをみつけたのが2000年，そしてスター☆ドームが完成し「きみだけのそら」がスタートしたのが2004年。この間5年。バヌアツで調査をはじめたのは2000年，そしてプトンギプロジェクトがはじまったのが2007年。この間7年。市場調査を最初におこなったのは2001年，そして大學堂がオープンしたのが2008年。この間7年。対馬のニホンミツバチを最初に知ったのは2003年，そして大学でニホンミツバチを飼いはじめたのは2012年。この間9年。チョムスキー9.11を自主上映したのが2001年，そして北方シネマがはじまったのが2017年。この間なんと16年。

多くのプロジェクトは，その端緒がすでに数年以上前におきているのだ。そして，ある時突然，事態が動き出す。

潜伏期間にはほとんどなにも進行せず，長い休眠状態のようにみえることもある。数年間，なにごともなく潜在化していたものが，チャンスをつかんだとたんに，一気に開花する。野研の事業では，このパターンがなんどもくりかえされている。

そして興味深いことに，これは大脳生理学における神経系の意志決定や，分蜂の際のミツバチの巣箱探索や劇的な決断のプロセスに似ている。この現象にはまだ名前がつけられていないが，人工知能の深層学習でもおきている。

答えのない世界では，決定を保留しつづけながら最適の解を模索し，ある瞬間に大きな決断が下される。おおかたのチャンスは一瞬で，決断を躊躇しているうちに，流れは変わってしまう。

ここでわたしはフランスの細菌学者ルイ・パスツールの言葉を思い出す。

"Le hasard ne favorise que les espritspréparés"
「幸運は用意された心のみに宿る」

生物の進化は突然おこるようにみえて，実はその原型となるものが，別のかたちであらかじめ用意されている。パスツールの言葉は，進化論の世界で前適応とよばれているこの現象に共通する。

野研を立ち上げる以前を振り返ってみれば，野研という状況そのものが，第1章で書いた1980年代のわたしの学生時代までその端緒をたどることができる。これからの野研にどんなムーブメントが来るのかわからないが，きっとそれはもうすでにどこかに用意されているにちがいない。

このように状況論的な臨機応変とは，たんに目の前にある出来事への対応だけではなく，数年という長いスパンの状況までも含んでいることがわかる。人生は決してマニュアルどおりにはならない。大学時代の今はなにをしているのかまったくわからなくても，どこか心の片隅にでもとどめて準備していれば，きっといつかチャンスにつながる。それを野研の現役学生たちに伝えておきたい。

3 常識を脱構築する

さてフィールドワークによる教育の話をしていると，よくこんな意見を耳にする。「フィールドに行くというのは，いわば大学から外に出るということなのだから，そのためには最低限の社会的な常識を身につけておかなくてはならない。」「学生をフィールドに出すための事前の準備やコーディネートが大変である。」あるいは逆に，「フィールドに出ることで常識を学び，学生

たちのソーシャルスキルを高める効果がある。」などなどなど。

どれも社会的な常識や技能の修得に注目した教育的な視点からの指摘であろう。たしかに，それぞれの言説はおおよそ間違いではない。フィールドワーカーは，調査する側と調査される側という非対称な関係性に対し意識的であるべきだし，少なくとも相手に迷惑をかけてはいけない。そして，対人的な経験を通してこうした社会性が身につくこともあるだろう。

しかし，それだけではまだなにかが足りないように思う。

終章では，さらにもう一歩踏み込んで考えてみたい。フィールドワーク教育には，常識や社会技能を学ぶ機会にとどまらず，それまで培ってきた常識や社会技能を疑い，時には壊し，脱構築していくプロセスがあるのではなかろうか。

常識が通じないというのは，自分や相手になにかの常識が欠けているということだけではな

く，それぞれ異なる常識の中で生きているということでもある。もしそれを前提に考えれば，互いの関係性をつくりかえることもできるのだ。

まずは，人と人が出会うときには，互いに傷つけあうことが避けられないと考えてみる。これは開き直りではなく，現実である。むしろ真摯にこの現実にむきあうことが，「フィールドに住む」という意味だとわたしは思う。

したがって既存の概念を疑う批判や試行錯誤のくりかえしこそが，フィールドワーク教育の肝である。おなじフィールドワークという言葉を使いながら，あらかじめ用意されたプログラムをただこなすだけの野外体験学習は，根本的に教室の中の勉強となにも変わらないといえる。

想定外の失敗にこそ学びの場がある。安全対策や事前の準備を前提としたうえで，さらにその先にある想定外を糧とする。フィールドワーク教育の実践には，そのくらいしたたかな覚悟がもとめられるのである。

4　柔軟性のある周辺からの戦略

なにごとも中心がよいというものでもない。たしかに中心には広い道がつくられ，いつも光が当たっている。しかし，周辺には周辺のよさがある。そこは隣の領域との境界でもあり，状況が変わればすぐに逃げ出すこともできる。

気を許すと中心は周辺をとりこもうとするが，だからといってことさら中心を敵視する必要はない。たしかに一方的に利用されるのはいやかもしれないが，逆にストイックに構え中心とかかわるのをためらう必要はない。

制度の周辺には必ず隙間があり，その隙間にはそれまでだれも気づかなかった花園がある。利用できるものは利用する。柔軟性のあるニッチ戦略では，中心と周辺がともに利益を得る関

係をめざすことが望ましい。

相手がマスメディアであれ，大学当局であれ，地域社会であれ，それぞれに対して互いに利益が得られる関係をつくっていけば，組織全体の風通しは格段によくなる。大きな組織である大学や市場の中で，わずか数人で動かしている大學堂という小さな試みが，それなりに大きな存在感を持ち続けているのは，中心にいてはできない柔軟な機動力を持ち，つねに中心に対して重要な影響力をあたえ続けているからである。

この本の中では，かかわりを持った人々や野研のメンバーについてあえて名前を出して紹介してきた。それによって，顔のみえる関係の中で野研は動いているということや，おなじ人が違う

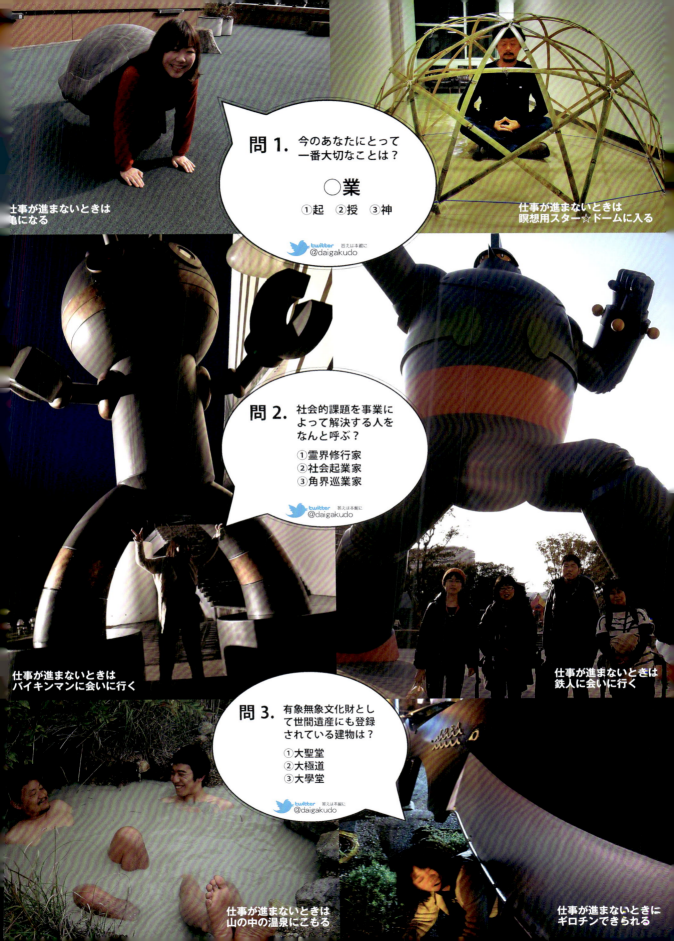

場面でなんども登場することが伝わったのではないかと思う。メンバーの入れかわりで年ごとの増減はあるが，わずか十数人でこれだけの数の事業をこなしている野研では，どうしてもひとりの人間が複数の異なる役割をになう必要がある。

　それだけに，それぞれの個人にとっての教育効果の高さは絶大で，資本も資源の投資も最小限ですむ。これほど理想的な教育はあるだろうか。強力なリーダーシップや複雑なマニュアルは不要である。優れたデザインのもとで，自分から動く習慣が身につき，メンバー各自がほんのすこしずつ自分の能力をほかのメンバーのために生かしはじめたら，少人数でもこれだけのことが実現するのだ。

　しかしこの教育は，学校教育の中心では成立しない。機動力があり離合集散をくりかえすフィールドワーク教育が力を発揮する場は，制度の周辺にある境界領域でなければならない。

5　スキルからアートへ

　第3章の最後に教員はプロデューサーであると書いた。個人の能力を引き出し，それを組みあわせるのがその役割である。しかし実際には，もっぱら裏方仕事にすぎず，なにか特別で中心的な役割を果たしているわけではない。

　野研はリーダーも代表もいないあつまりであり，野研の中では竹川大介もメンバーのひとりである。便宜上，外むけには自らを世話役と説明するが，それは村役場の受付窓口くらいの意味である。

　実際これだけ多彩な事業をまとめるリーダーなど不可能である。野研というあつまりは，リーダーが動かしているのではなく，システムが動かしているのである。あるいは，誤解を恐れずにいえば，アメーバのように，それぞれが勝手に動いている集合体なのだ。

　よくデザインされたシステムは，自然に人々の行動をアフォードしていく。宣伝にお金をかけて人をよびこんだり，エネルギーをかけてイベントをおこさなくても，自然に立ちよりたくなり，ここでなにかをしたいという気持ちにさせる。

　バックミンスター・フラーの教える「最小の素材から最大の空間の創造」を実現するために自分から動き，むりをせず自然に動かす。これが資金も人手も十分ではないわたしたちが，いつも強く意識している戦略である。

　さまざまなスキルを持った個人があつまるとそれはアートになる。アートは多分に偶発的であり，時として予想を超えた創造性を発揮することがある。うまくデザインされたフィールドワークの技法が，創造を生み出す場をあたえられたときにこの創発はおこり，ひとつの表現へと駆け上がっていく。フラーのもうひとつの教えに「かるくしなやかな未来へ」という言葉がある。重くて硬直した未来とはまた別の未来である。

　さて，そろそろまとめていこう。大學堂について書いてほしいと原稿の依頼をうけ資料をあつめはじめたのは，すでに2年以上前である。過去の野研や大學堂の活動を調べながら，わたしは途中でめまいをおこしそうな気持ちになっていた。どうしても書いておかなければならない事例が次々に掘り起こされる。人の名前や日付を確認しているうちに，締め切りの時間がどんどんすぎていく。限られた紙幅の中で，いくつかの事例については詳細な紹介を削り，時系列で箇条書きにするのが精一杯だった。

　もしこれが単体の出版企画であれば，もう少し自由が利いたのかもしれない。しかしシリーズ本として先に刊行された巻を読み，わたしはいっそ

う絶望的な気持ちになり，ますます筆が遅くなった。この本を，ほかのシリーズとどうすり合わせればよいのだろうか。個人的な話を載せるべきか外すべきか。それにしても，あまりに内容が異質すぎる。そうした懸念を企画者の学長に訴えると，「それを含めての本学の多様性なので，そのままでいきましょう」と逆に背中を押された。

「つたえる」ことの大切さを書いておきながら，これまで野研のとりくみをだれかに伝える機会は少なかった。せっかくこの貴重な機会をあたえられたのだから，伝えたいことは，きちんと伝えよう。そんな気持ちでふたたび書き進めた。なかなか終わりがみえないわたしのこだわりに，最後までつきあって下さった編集のかたや野研の学生たち，この本が完成することを楽しみにしてくれた多くの人々に感謝している。

本来はわたしが定年退職した後に，出会った学生たちのことでも思い出しながら書くべきたぐいの本だったかもしれないという気持ちは今もある。しかし，これからわたしが出会うだろう学生たちや，このさき野研と関わる人たちのために，このタイミングで書いておくのも悪くないのかもしれない。

野研は今も動いている。そんな野研が持っている力に，わたし自身がクラクラしている。

こうしている間にも，農業の経験がまったくない2年生の本田真悠は，いきなり古代米を育てたいと，7畝の農地を借り先週から苗代をつくりはじめた。半年間大学近くの飼育小屋で山羊の世話をしていた4年生の伊藤圭吾は，世界最古のチーズを探すために休学をしてトルコにいくと留学奨学金に応募した。三崎尚子は高千穂で覚えた技をもとに北九州でオオスズメバチ捕獲隊を組織し大学に昆虫食をひろめるといいだし，北方シネマのドキュメンタリーに刺激された猪股萌子は最上級のパソコンを手に入れて映像編集にのめり込んでいる。そして，ボルネオ島の焼き畑農耕民の村から帰ってきた古藤あずさは，現地の発酵食品から新商品をつくろうとなにやら実験をはじめ，張平平は動物の糞の利用の研究のために，来週からチベットの奥地に向かい6ヶ月間連絡が取れなくなるという。

これが2017年5月の野研の状態である。執筆が遅れたらまた書くことが増えてしまう。

大学での学問に対する野研の考え方について，かつて大學堂新聞にこんな巻頭文を掲載した。昨今の大学教育の状況を考えれば，まるで最期の悲鳴のように読めなくもないが，どこかの辺境から届けられた小さな希望のようにも読めないだろうか。

「グローバル人材ではなくローカル人間に」
　わたしたちはひとりひとりが自分の人生の主人公。コンクリートや丸太のような材料ではありません，うれしければ喜び，悲しければ涙も流す生きた人間です。
　だからグローバル「人材」よりも，ローカル「人間」になろう。
　わたしたちの武器は，資格ではなく地に足がついた生活力です。ボランティアでも地域活性化のためでも，ましてや就活面接のネタづくりのためでもなく，自分の興味に従い，世界と誠実に向き合い，知を愛するがゆえに，時には疑い，時には批判しながら宇宙の真理を探究します。
　わたしたちは学問の府である大学という場所で，本当に大学らしい創造的な研究活動を実現するために，真面目に一生懸命とりくんでいます。

参考資料

■野研関連 URL 一覧

http://yaken.apa-apa.net/ 「九州フィールドワーク研究会（野研）」野研は自然・文化・芸術の総合格闘道場
http://www.daigakudo.net/ 「大學堂」旦過市場と北九州市立大学の出会いで生まれた街の縁台
http://www.stardome.jp/ 「スター☆ドーム」きみだけのそら
http://jinrui.apa-apa.net/ 「ネット人類学」北九州市立大学の人類学ゼミのフィールドマップ
http://beebee-club.blogspot.jp/ 「放課後みつばち倶楽部」北九州市立大学でニホンミツバチを育てています
https://kitagata-cinema.blogspot.jp/ 「北方シネマ」大学が映画館になる日
http://www.apa-apa.net/fes 「フィールドワーク教育ってなんだ?」フィールドからの学びは教育になり得るのか
http://www.apa-apa.net 「大介研究室」すべてはここからはじまる

■必読文献一覧

『生きのびるためのデザイン』ヴィクター・パパネック（著），阿部公正（訳），晶文社，1974 年
『共感の時代へ　動物行動学が教えてくれること』フランス・ドゥ・ヴァール（著），柴田裕之（訳），紀伊國屋書店，2010 年
『京都フィールドワークのススメ　あるく・みる・きく・よむ』鵜飼正樹／高石浩一／西川祐子（編），昭和堂，2003 年
『港湾都市と対外交易　中世都市研究』大庭康時／佐伯弘次／服部英雄／宮武正登（編），新人物往来社，2004 年
『自己コントロールの檻　感情マネジメント社会の現実』森真一（著），講談社，2000 年
『仕事の中での学習　状況論的アプローチ』上野直樹（著），東京大学出版会，1999 年
『自然学の提唱』今西錦司（著），講談社，1984 年
『自然学の未来　自然への共感』黒田末壽（著），弘文堂，2002 年
『状況に埋め込まれた学習　正統的周辺参加』ジーン・レイヴ／エティエンヌ・ウェンガー（著），佐伯胖（訳），産業図書，1993 年
『身体の零度　何が近代を成立させたか』三浦雅士（著），講談社，1994 年
『ソーシャル・ネットワークと組織のダイナミクス―共感のマネジメント』中野勉（著），有斐閣，2011 年
『それぞれの情況　五味太郎・フィールド・ノート』五味太郎（著），集英社，1993 年
『大學堂と市場劇場』大學堂運営実行委員会（編），野研出版，2008 年
『大学のエスノグラフィティ』船曳建夫（著），有斐閣，2005 年
『大学は何をするところか』日高敏隆（著），平凡社，1993 年
『対称性人類学』中沢新一（著），講談社，2004 年
『探検教育で子どもが変わる　フィールドワークで築く世界像』斎藤毅（著），農山漁村文化協会，1996 年
『デザインのデザイン』原研哉（著），岩波書店，2003 年
『バックミンスター・フラーの宇宙学校』金坂留美子（著），めるくまーる，1987 年
『ヒューマン・ユニヴァーサルズ　文化相対主義から普遍性の認識へ』ドナルド・E. ブラウン（著），新曜社，2002 年
『フィールドワーク最前線　見る・聞く・歩く』山田勇（著），弘文堂，1996 年
『フィールドワークは楽しい』岩波書店編集部（編），岩波書店，2004 年
『フィールドワークへの挑戦―"実践"人類学入門』菅原和孝（著），世界思想社，2006 年
『複雑な世界，単純な法則　ネットワーク科学の最前線』マーク・ブキャナン（著），阪本芳久（訳），草思社，2005 年
『ボイスから始まる』菅原教夫（著），五柳書院，2004 年
『ミツバチの会議　なぜ常に最良の意思決定ができるのか』トーマス・D. シーリー（著），片岡夏実（訳），築地書館，2013 年
『ヤシガラ椀の外へ』ベネディクト・アンダーソン（著），加藤剛（訳），NTT 出版，2009 年
『ヨーゼフ・ボイス　よみがえる革命』水戸芸術館現代美術センター（編），フィルムアート社，2010 年

■出典一覧

・地図（21 頁）
　国土地理院淡色地図（KML 配信ファイル http://geolib.gsi.go.jp/node/2537）を加工して筆者作製
・新聞・雑誌記事（109 頁）
　『朝日新聞』「学生ブランド　旦過市場発　手作り人形・天然塩販売」（2010 年 12 月 21 日），「若者増えたぞ　昔ながらの
　街」（2011 年 4 月 16 日），「講義を創る　教育 2014 [5]　人間を研究「何でもあり」　北九州市立大　竹川大介教授」
　（2014 年 7 月 3 日），「北九大生の蜜　結実　キャンパス屋上で養蜂，完売」（2015 年 11 月 11 日），「「フィールドワー
　ク」の魅力探る　北九大でシンポ」（2016 年 1 月 14 日），「旦過市場の店主ら　調理のコツを伝授」（2016 年 5 月 16
　日），「旦過市場「多様性大事に」」（2016 年 11 月 16 日）
　『OZmagazine Travel（オズマガジン増刊）　春の旅へ』（スターツ出版株式会社，2011 年 4 月）表紙，「足を延ばして，
　小倉へ　郷土の味と伝統に出会えます」（10 頁）
　『外戸本』（文藝出版社，2011 年 5 月）「おいしい×我が町グルメ」（88-89 頁）
　『クロスロードふくおか』（（公社）福岡県観光連盟，2010 年 9 月）「大學堂の大學丼」（1-2 頁）
　『シティリビング』「グルメガイド」（2010 年 1 月 26 日）
　『福岡 walker』（株式会社 KADOKAWA，2017 年 3 月）「北九州の下町を食べ歩く」（62-63 頁）
　『まっぷる福岡'11』（昭文社，2010 年）「小倉 B 級グルメ」（94-95 頁）

著者紹介

竹川大介（たけかわ・だいすけ）

人類学者。理学博士。ライフワークは「わかるとはなにか」。九州・沖縄・メラネシア島嶼域をフィールドとして文化人類学・生態人類学，海洋民族学に関する研究をおこなっている。

■近年の研究テーマ

「他者認知の進化に基づく贈与交換論」
「資源利用と在来知に関する生態人類学研究」
「ヒトの自己覚知能力による自然の擬人化：新しいアニミズム論」
「人類の普遍的な道徳基盤研究：共感性と互酬性による紛争解決」
「都市部の環境指標生物としてのニホンミツバチ」

■おもな共著書

『イルカとナマコと海人たち―熱帯の漁撈文化誌』NHK ブックス
『ソロモン諸島の生活史―文化・歴史・社会』明石書店
『民俗の技術』朝倉書店
『核としての周辺』京都大学学術出版会
『貨幣と資源』弘文堂
『海洋資源の流通と管理の人類学』明石書店
『紫川大図鑑』北九州高等学校魚部編集

■おもな社会活動

愛知万博市民プロジェクト「宇宙船地球号」（プロジェクトリーダー）
テント芝居・水族館劇場北九州公演（制作団長）
JICA 草の根技術協力事業「フツナ島村落経済開発」（プロジェクトリーダー）
環境省「石西礁湖自然再生事業支援専門委員会」（専門委員）
ダンス白州 2008「縄文という生命（いのち）」ソロダンス：後山阿南，パートナー：竹川大介（美術・インスピレーション）
国営沖縄記念公園海洋文化館（海洋文化館展示アドバイザー）
北九州演劇フェスティバル 2010 語る演劇「地域を耕す」竹川大介・長谷川孝治・永山智行（講演者）
アートイベント「野良」（招待作家）
奥能登国際芸術祭 2017（招待作家）

シリーズ　北九大の挑戦 4

野研！ 大学が野に出た
──フィールドワーク教育と大學堂──

2017 年 9 月 20 日　初版発行

監　修　　北九州市立大学

著　者　　竹川　大介

発行者　　五十川直行

発行所　　一般財団法人 九州大学出版会

〒814-0001　福岡市早良区百道浜 3-8-34
九州大学産学官連携
イノベーションプラザ 305

電話　092-833-9150
URL　http://kup.or.jp/
印刷・製本　大同印刷株式会社

Ⓒ The University of Kitakyushu, 2017　　ISBN978-4-7985-0215-1

シリーズ 北九大の挑戦

① 学生サポート大作戦 ── 寄りそう学生支援 ──

北九州市立大学［監修］　田部井世志子・生田カツエ［編］

大学全入時代の中で多様な学生が入学してくる現在，北九州市立大学で行っている学生支援について，仕組み作りから実践までの実態を紹介する。学生サポート委員会の立ち上げ，早期支援システムの構築といったハード・ソフト両面の整備から，学生相談や保証人（保護者等）への対応の詳細まで，実際に使用している文書や資料等を掲載し，解説する。

② 「自ら学ぶ大学」の秘密 ── 地域課題にホンキで取り組む4年間 ──

北九州市立大学［監修］　眞鍋和博［著］

地域におけるこれからの大学のあり方について，北九州市立大学の地域創生学群をはじめとした取り組みを中心にまとめたものである。学生と教員が地域の「日常」を経験し続けながら，諸課題の解決に地域の方々と共に取り組んでいく姿は，少子高齢化に突入した時代の地域運営のモデルとなるだろう。

③ 教師が変わる，学生も変わる
── ファカルティ・ディベロップメントへの取り組み ──

北九州市立大学［監修］　中溝幸夫・松尾太加志［編］

大学トップをはじめ全学の教員が専門分野を超えて相互に行う授業のピアレビュー，学生の評価が高い授業の担当教員が行っている工夫，新任教員へのFD研修など，「授業の質の向上」を目指した取り組みを紹介する。これからの大学教育の在り方を考える上で有益な示唆を与える。

⑤ コラボラキャンパスネットワーク
── 世代を超えて結びつく大学と地域 ──

北九州市立大学［監修］　廣渡栄寿［編］

北九州市立大学と各NPO団体が対等の立場で協働して取り組む，多世代交流や地域づくりに関する活動を紹介する。キャンパスを拠点として，子どもたちを中心に保護者や地域住民，学生たちが交流しながら継続してきた約10年にわたる活動の歴史を，関係者が振り返る。

B5判・各巻 1,800円（税別）

地域主権の時代をリードする北九州市立大学改革物語

矢田俊文（第12代北九州市立大学学長）［著］

法人化以降，受験者数のV字型回復，留年者数40%減，学生相談機能の集中，教員39名増，女性教員倍増，教養教育の再生，地域創生学群の新設，ビジネス・スクールの設置，カーエレクトロニクス・大学院コースの開設，地域貢献日本一など，全国的に注目された大学改革の内容を現役学長（2010年当時）が明らかにした。

四六判・280頁・2,200円（税別）

九州大学出版会